JOGOS DE ARREMESSO

INSTITUTO PHORTE EDUCAÇÃO
Phorte Editora

Diretor-Presidente
Fabio Mazzonetto

Diretora Financeira
Vânia M. V. Mazzonetto

Editor-Executivo
Fabio Mazzonetto

Diretora Administrativa
Elizabeth Toscanelli

CONSELHO EDITORIAL

Educação Física
Francisco Navarro
José Irineu Gorla
Paulo Roberto de Oliveira
Reury Frank Bacurau
Roberto Simão
Sandra Matsudo

Educação
Marcos Neira
Neli Garcia

Fisioterapia
Paulo Valle

Nutrição
Vanessa Coutinho

Klaus Roth
Daniel Memmert
Renate Schubert

JOGOS DE ARREMESSO

Tradução:
Prof. Dr. Pablo Juan Greco e Prof.ª Dr.ª Mariana Calábria Lopes

São Paulo, 2016

Título do original em alemão:
Ballschule Wurfspiele
Copyright © 2006 by Hofmann-Verlag, 73614 Schorndorf
Jogos de arremesso
Copyright © 2016 by Phorte Editora

Rua Rui Barbosa, 408
Bela Vista – São Paulo – SP
CEP 01326-010
Tel/fax: (11) 3141-1033
Site: www.phorte.com.br
E-mail: phorte@phorte.com.br

Nenhuma parte deste livro pode ser reproduzida ou transmitida de qualquer forma, sem autorização prévia po escrito da Phorte Editora Ltda.

CIP-BRASIL. CATALOGAÇÃO NA PUBLICAÇÃO
SINDICATO NACIONAL DOS EDITORES DE LIVROS, RJ

R754j

Roth, Klaus

Jogos de arremesso / Klaus Roth, Daniel Memmert, Renate Schubert ; tradução Pablo Juan Greco , Mariana Calábria Lopes. - 1. ed. - São Paulo : Phorte, 2016.
152 p. : il. ; 21 cm.   (Escola da Bola ; v. 2)

Tradução de: Ballschule Wurfspiele
Apêndice
Inclui bibliografia
DVD
ISBN 978-85-7655-602-2 / 978-85-7655-603-9 (coleção)

1. Arremesso de bola - Jogos. I. Memmert, Daniel. II. Schubert, Renate. III. Título. IV. Série.

16-30644   CDD: 796.435
              CDU: 796.42

ph2369.1

Este livro foi avaliado e aprovado pelo Conselho Editorial da Phorte Editora.

Impresso no Brasil
Printed in Brazil

SUMÁRIO

Capítulo 1   **"Do ABC para iniciantes nos jogos..."**   **9**

Introdução 10
Modelo de Aprendizagem Implícita por Meio do Jogo (MAIJ) 12
    Estrutura e construção 12
Objetivos e conteúdos dos níveis de desenvolvimento 17
    Objetivo: ABC da Escola da Bola 17
    Conteúdo: elementos táticos, coordenativos e técnicos 18
    Conteúdo: grupo de elementos 19
Metodologia dos níveis de desenvolvimento 22
    Classificação dos elementos do jogo, das situações táticas e dos exercícios 23
    Formação metodológica dos elementos do jogo, das situações táticas e dos exercícios 26
    Princípio do jogar 26
    Princípio do exercitar 28
Resumo 29

| Capítulo 2 | "... para arremessar habilmente com as mãos" | 31 |

Introdução e delimitação conceitual 32
Conceitos na área dos jogos de arremesso 33
    Escopo e sistematização 33
    Objetivos, conteúdos e métodos 36
Escola da Bola: jogos de arremesso 38
    Observações preliminares: escopo e sistematização 38
    Objetivos e conteúdos 38
    CEE: ponderação entre A, B, C 40
    CEE: ponderação dentro do A, B, C 41
    Considerações finais: métodos 43
Resumo 44

| Capítulo 3 | Jogos de arremesso orientados para situações táticas do jogo | 45 |

Introdução 46
Microrregras específicas dos jogos de arremesso 46
Legenda e formas gráficas de apresentação 50
Conjunto de grupos de tarefas e de jogos com situações táticas 52
    Oferecer-se e orientar-se 52
    Manter a posse de bola individualmente 58
    Manter a posse de bola coletivamente 63
    Criar superioridade numérica individualmente 69
    Criar superioridade numérica coletivamente 73
    Reconhecer espaços 79
    Utilizar possibilidades de finalização 85

Capítulo 4	**Jogos de arremesso orientados para o desenvolvimento das capacidades**	**91**

Introdução 92
Coleção de exercícios e atividades 94
Legenda e formas gráficas de apresentação 94
    Pressão de tempo 95
    Pressão de precisão 101
    Pressão de complexidade 103
    Pressão de organização 107
    Pressão de variabilidade 111

Capítulo 5	**Jogos de arremesso orientados para o desenvolvimento das habilidades**	**115**

Introdução 116
Coleção de atividades e exercícios 118
    Reconhecer a linha de voo da bola 119
    Reconhecer a posição e a movimentação do colega 123
    Reconhecer a posição e a movimentação do adversário 126
    Determinar o percurso até a bola 130
    Controlar a posse de bola 133
    Controlar o passe 137

Anexos	**143**

Tipos de bola 145
Referências 147

CAPÍTULO 1

Klaus Roth

"Do ABC para iniciantes nos jogos..."

Introdução

Modelo de Aprendizagem Implícita por Meio do Jogo (MAIJ)

Estrutura e construção

Objetivos e conteúdo dos níveis gerais

Objetivo: ABC da Escola da Bola

Conteúdo: elementos táticos, coordenativos e técnicos

Conteúdo: grupo de elementos

Metodologia dos níveis de desenvolvimento

Classificação dos elementos do jogo, das situações táticas e dos exercícios

Metodologia de formação dos grupos de tarefas dos jogos, das situações táticas e dos exercícios

Princípio do jogar

Princípio do exercitar

Resumo

Introdução

> *"Somente nas observações efêmeras mostra-se a avaliação da situação, pois a plenitude das formas de jogo transcende a possibilidade factual da educação no jogo, quando o homem não deseja ser vítima do enciclopedismo superficial"* (Hilmer, 1983, p. 154).

Existem dois grupos de pessoas. Um grupo acredita que todos os homens podem ser divididos em dois grupos, e o outro não acredita nessa afirmação. No contexto esportivo, parece que o primeiro grupo é o mais abundante. Um exemplo disso são as distinções feitas entre teoria e prática, esporte coletivo e individual, talento e não talento.

Dois caminhos no mundo dos jogos esportivos

Até um determinado ponto, esse simples contraste entre preto e branco é útil, pois permite entender a essência de aspectos, interesses e pontos de vista contrários. Isso também é válido para o assunto deste livro, ou seja, para a iniciação ao mundo diversificado dos jogos (de arremesso). Neste livro, o pensamento dualístico é disseminado por meio da diferença de pensamentos no que se refere às expressões bem conhecidas: "do geral para o específico" ou "do específico para o geral".

"Do geral para o específico"

A expressão "Do geral para o específico" diz respeito à filosofia básica conhecida como *Ensino integrativo dos jogos esportivos*. Segundo esse conceito, os jogos esportivos semelhantes entre si são considerados membros de uma mesma família. Essas características comuns que os classificam em uma mesma família são intencionalmente destacadas e ensinadas como "boas maneiras" durante a iniciação esportiva geral. O intuito é garantir um amplo repertório de competências generalizáveis, que futuramente podem contribuir para uma aprendizagem mais rápida e efetiva em quase todos os jogos esportivos.

"Do específico para o geral"

A segunda expressão, "Do específico para o geral", é a base para o *Modelo de ensino integrativo*. A ideia é começar a "Vida de jogo com bola" sem desvio, a partir de um concreto jogo formal, por exemplo, o basquetebol (ver Loibl, 2001) ou o futebol (ver Schmidt, 2004). O iniciante é encorajado a praticar somente um dos esportes da família de jogos esportivos, e o que importa é o "Princípio da Exemplaridade". Por meio de uma aprendizagem perspicaz e da ênfase das relações, as crianças são conduzidas a generalizar a sua experiência, o que significa transferi-la para outra modalidade esportiva.

Ambos os caminhos parecem ser momentaneamente plausíveis e adequados para se evitar o que foi denominado por Hilmer (1983) "Enciclopedismo superficial". Eles vêm sendo usados de forma bem-sucedida durante centenas de anos em outros campos de ensino e aprendizagem. Por exemplo, ninguém duvida que o conhecimento gramatical ou as fórmulas matemáticas podem ser adquiridos tanto por meio "de regras gerais para usos específicos" quanto "do uso específico para regras gerais".

Ambos os aminhos não são excludentes

Dois equívocos devem ser evitados: o primeiro é que os conceitos são diferentes ou seguem uma linha de pensamento contrária, o que teria como consequência a incompatibilidade de ambos na prática. Uma linha temporal contínua, na qual de um lado estaria o ensino geral dos jogos e no outro o ensino específico, pode ser um pensamento motivador e sensato. O segundo equívoco é dizer que ambos os "caminhos metodológicos" não possuem formas de abordagem completamente idênticas. Existem tantas opiniões diferentes a respeito do modelo integrativo e dos modelos específico-exemplares quanto são os autores de publicações específicas da área.

Escola da Bola = conceito integrativo

Após as observações mencionadas anteriormente, não é difícil classificar o conceito de Escola da Bola. Trata-se de um modelo de ensino-aprendizagem que está mais relacionado com o caminho integrativo de ensino dos jogos. A lógica é clara. Depois da fase geral "Um ABC para iniciantes nos jogos esportivos", segue-se um segundo nível que compreende jogos de rede e raquete, jogos de arremesso e jogos de chute ao gol, somente em um terceiro nível ocorrerá a introdução concreta das modalidades esportivas formais. Essa estrutura hierárquica tem sido aplicada com sucesso há anos em clubes e escolas do ensino básico. Atualmente, a Escola da Bola tem sido empregada, na prática, em contextos esportivos com diferentes objetivos, como programas de promoção de talentos, atividade no tempo livre, nas aulas de Educação Física Escolar e, ainda, como parte de terapias esportivas de medidas integrativas para crianças.

Jogar faz o campeão!

Nos livros *Escola da Bola: um ABC para iniciantes nos jogos esportivos* e *Jogos de rede e raquete* a ideia da estrutura prática é descrita e justificada, ou seja, por que na Escola da Bola os efeitos positivos da cultura de se jogar na rua são empregados em seu conceito. Por meio dos princípios de praticar o esporte de uma forma não específica e acumular experiência de forma não guiada e por meio de jogos, as crianças, assim como nos velhos tempos, devem ser "infectadas" com o "vírus do jogo", que, após um tempo de incubação, deve se tornar uma "febre crônica de jogar" e levar à "explosão" da criatividade.

Os Capítulos 1 e 2 apresentam os aspectos teóricos do livro. Assim como no livro *Jogos de rede e raquete*, o Capítulo 1 contém o conceito geral, para o qual foi adotado o *Modelo de Aprendizagem Implícita por Meio do Jogo* (MAIJ). A organização básica também foi mantida. Primeiramente serão descritas a estrutura e a construção. Em segundo e terceiro lugar serão apresentados os objetivos/conteúdos, assim como a *metodologia*. Não será feita, porém, uma descrição muito detalhada da argumentação teórica, como foi realizado nos dois livros anteriores. Ao contrário, terão destaque as principais ideias e os novos resultados de estudos científicos recentes, os quais ainda não tinham sido publicados até o lançamento dos outros livros.

Capítulo 1

O foco principal do Capítulo 2 será o ensino direcionado para os jogos esportivos de arremesso. Depois da explicação dos termos mais importantes, será apresentada uma visão geral sobre a abordagem dos jogos de arremesso. O "produto" ainda permanece modesto. Após isso, serão abordados os objetivos concretos, o conteúdo e a metodologia da *Escola da Bola para jogos de arremesso*. Ao contrário do ABC geral para iniciantes e dos jogos de rede e raquete (individuais e coletivos), assim como nos jogos de chute ao gol, neste livro alguns aspectos de ensino tornam-se mais importantes e outros possuem um valor menor. Isso tem consequências diretas para a parte prática do livro, ou seja, para os Capítulos 3 a 5. Assim como nos livros anteriores (Kröger e Roth, 1999, 2002, 2005; Roth, Kröger e Memmert, 2002), aqui também serão diferenciados os três pilares, os quais são denominados: *Escola da Bola para jogos de arremesso orientados para situações táticas de jogo* (Capítulo 3), *Escola da Bola para jogos de arremesso orientados para o desenvolvimento das capacidades* (Capítulo 4) e *Escola da Bola para jogos de arremesso orientados para o desenvolvimento das habilidades* (Capítulo 5).

Capítulo 2

Capítulos 3 a 5

Modelo de Aprendizagem Implícita por Meio do Jogo (MAIJ)
Estrutura e construção

O Modelo de Aprendizagem Implícita (ou Incidental) por Meio do Jogo (MAIJ) possui três níveis ou fases. A Escola da Bola dos

Primeiro nível: jogos esportivos gerais

jogos esportivos gerais – o "ABC da aprendizagem do jogo" – é o ponto inicial da carreira na Escola da Bola (Figura 1.1). Sua concepção é adequada para a primeira fase do ensino fundamental, ou seja, do 1º ao 6ª ano, dependendo do nível de partida e experiência anterior da criança. A realização da Escola da Bola geral com crianças entre 6 e 7 anos durante, no mínimo, um ano ou, preferivelmente, por dois anos, tem mostrado-se um alternativa bem-sucedida nos clubes e escolas alemães.

Segundo nível: jogos esportivos direcionados

No segundo nível do MAIJ, o foco é o ensino dos jogos esportivos direcionados. Eles devem ser os principais conteúdos dos alunos a partir do terceiro ano escolar, tendo sido desenvolvidos para crianças de oito a nove anos. O primeiro passo para uma especialização baseia-se na classificação dos jogos esportivos em grandes grupos conforme suas semelhanças. O intuito é buscar famílias de jogos nas quais seus membros tenham um comportamento especialmente próximo de parentesco. A procura por sistemas adequados de classificação dos jogos esportivos já possui uma longa tradição (Roth, 2002, p.13-17). Os resultados demonstram que, de uma forma geral, novamente o conhecimento antigo "Todos os caminhos levam a Roma" é confirmado. Apesar do termo "semelhança familiar" possuir diferentes interpretações, a maior parte delas leva a uma sistematização coerente. Na língua alemã, existem atualmente duas grandes formas de agrupamento, as quais são denominadas de *jogos de rede e raquete* e *jogos de chute ao gol*. Em ambas as categorias, alguns autores ainda separam entre *jogos de rede e raquete individuais* (JRRI) e *jogos de rede e raquete coletivos* (JRRC), assim como *jogos de chute ao gol* (JCG) e *jogos de arremesso* (JA).

O "Big four" das categorias de jogos esportivos: JRRI, JRRC + JCG, JA

Há um consenso na literatura atual de que a divisão em JRRI, JRRC, JCG e JA – como demonstrado na Figura 1.1 – também é adequada para o segundo nível do MAIJ. A explicação é fácil de ser visualizada, mas, mesmo assim, pesquisas ainda são necessárias. Somente no contexto e com relação a um objetivo de uso pode-se decidir se os jogos são semelhantes ou não. O mesmo vale para a avaliação de semelhanças entre pessoas. Por exemplo, existe uma diferença quando se tenta classificar as pessoas em relação aos aspectos externos, motores, cognitivos ou critérios de caráter. Com outras palavras, o resultado e a adequação de uma sistematização depende, primeiramente, dos objetivos estabelecidos, os quais estão estreitamente relacionados com as características de parentesco consideradas.

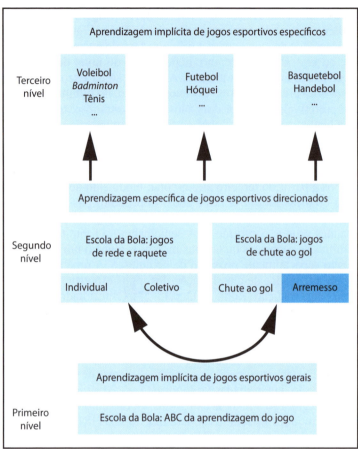

Figura 1.1: Modelo de Aprendizagem Implícita por Meio do Jogo (MAIJ).

Para encontrar a forma de agrupamento mais adequada para o MAIJ, a classificação consensual dos jogos esportivos em quatro famílias teve de ser novamente comprovada, de forma específica e orientada aos critérios de semelhança da filosofia da Escola da Bola: se a criança deve aprender a lidar com *demandas gerais táticas, coordenativas* e *técnicas*, então o parentesco dos jogos esportivos deve ser avaliado exatamente nesses requisitos. Nos próximos parágrafos serão descritos grupos de capacidades táticas, coordenativas e grupos de habilidades (Kröger e Roth, 2005).

Estudos do MAIJ para as categorias dos jogos esportivos

Haverkamp e Roth (2006) têm realizado comprovações desse tipo. Como fundamentação formal de seus estudos, considera-se o pensamento filosófico de Wittgenstein, assim como o modelo de protótipo

Fundamentação teórica: o modelo protótipo

deduzido a partir dele (Eckes e Six, 1984). Falando de forma mais simples, o significado dos elementos ("tijolos" no original em alemão) da Escola da Bola para cada categoria dos jogos esportivos foi avaliado por uma entrevista com *experts*. Assim, por meio de uma fórmula desenvolvida por Haverkamp (2004), foi possível calcular como cada modalidade esportiva formal, com relação às suas demandas e elementos estruturais, encaixa-se nas diferentes famílias de jogos esportivos. O resultado desta conta apresenta, para cada esporte, um *coeficiente de tipicidade* para todas as quatro categorias.

Resultado

A Tabela 1.1 demonstra que o resultado evidencia uma boa concordância com a divisão tradicional dos jogos esportivos. Nas quatro colunas principais, pode-se observar a tipicidade dos cinco esportes com maior valor. Os valores podem variar de 0 a 100.

Tabela 1.1: Tipicidade dos esportes para os quatro grupos dos jogos esportivos

Jogos de rede e raquete individuais		Jogos de rede e raquete coletivos		Jogos de chute ao gol		Jogos de arremesso	
Squash	68	Vôlei de praia	84	Futebol	100	Basquetebol	82
Tênis de mesa	62	Voleibol	72	Hóquei no gelo	65	Handebol	80
Badminton	59	Punhobol	68	Cycle ball (radball)**	65	Streetball	73
Tênis	59	Prellball*	63	Hóquei	58	Futebol americano	58
Peteca	51	Tênis-futebol	61	Handebol	55	Futebol	51

*O *Prellball* assemelha-se ao tênis e é considerado um jogo de rebater pela ação de rebatida da bola com a mão (punho fechado) ou o antebraço. Pode ser jogado por três ou quatro jogadores, e a bola deve quicar no próprio campo antes de passar para o lado adversário por cima de uma "rede" bem baixa (40 cm), que divide os dois lados. São permitidos até três toques na bola entre jogadores (como no voleibol), mas a bola sempre deve quicar no próprio campo após cada contato com ela. (N. T.)

** O *Cycle ball* (em inglês) ou *Radball* (em alemão) é um jogo semelhante ao futebol, mas os jogadores se deslocam de bicicleta no campo, rebatendo a bola com as rodas, e devem fazer gol na equipe adversária. (N. T.)

Os resultados para os JRRI e JRRC demonstram claramente ser perfeitos. Já para os JCG e JA aparece, à primeira vista, uma classificação surpreendente em quinto lugar. Nos JCG aparece o handebol e nos JA o futebol. À segunda vista, o resultado é menos espantoso. Esse resultado não deve ser interpretado como se o futebol, por exemplo, fosse explicitamente caracterizado como JA. Isso significa que o futebol, em sua estrutura de demanda, grupos de capacidades táticas e coordenativas e grupo de habilidades, pode ser considerado parente dos clássicos JA. As semelhanças entre os elementos do handebol e dos JCG podem ser interpretadas da mesma forma.

Em dois outros estudos, Haverkamp e Roth (2006) pesquisaram a possibilidade de haver outro sistema que melhor representasse as semelhanças da estrutura dos elementos dos jogos esportivos. Uma primeira avaliação dos dados permite supor que o MAIJ realmente pode ser um agrupamento levemente modificado dos jogos esportivos. Os quatro grupos modificados podem ser organizados em um contínuo de jogos com o aumento do apoio do companheiro de equipe/obstrução do adversário: JRRI (sem apoio do companheiro e sem obstrução direta do adversário), JRRC (com apoio do companheiro e sem obstrução direta do adversário), jogos de chute ao alvo - JCA (alto apoio do companheiro e média obstrução direta do adversário) e jogos de contato corporal - JCC (alto apoio do companheiro e alta obstrução direta do adversário). Ao contrário da divisão tradicional, os JCG e os JA seriam colocados em um mesmo grupo, formando os JCC. A tipicidade mais alta para o último grupo citado compreende jogos esportivos como futebol americano, rúgbi, hóquei no gelo e polo aquático. Se a classificação for confirmada, então se poderia pensar no segundo nível do modelo de uma Escola da Bola para Jogos de Contato Corporal.

Classificação modificada das categorias dos jogos esportivos: JRRI, JRRC + JCA, JCC

O terceiro e último nível do MAIJ refere-se à introdução *específica* dos jogos esportivos (Figura 1.1). Por meio de uma utilização consequente deste conceito, as crianças de 10 a 11 anos passam a se especializar após quatro anos de uma formação esportiva geral e direcionada. Na maior parte das modalidades esportivas, as crianças podem participar, sem dificuldades, de minijogos (mini-handebol, minibasquetebol etc.). No entanto, como já mencionado, uma iniciação esportiva com base em níveis hierárquicos é uma exceção no contexto esportivo. Na prática, o que ocorre, normalmente, é uma mistura entre os níveis. Muitas crianças começam, de forma paralela à iniciação esportiva por meio da Escola da Bola, o treinamento específico de uma modalidade esportiva. O mesmo ocorre na Educação Física Escolar. Até a idade de 11 a 12 anos, os níveis do MAIJ podem ser interligados. O importante é atentar-se para a correta "forma de mistura" entre os conteúdos que serão desenvolvidos. Normalmente, no início deve haver um alto percentual de atividades gerais, as quais devem ser completadas de forma contínua por meio do conceito de jogo, chegando-se aos esportes formais.

O terceiro nível: jogos esportivos específicos

Objetivos e conteúdos dos níveis de desenvolvimento
Objetivo: ABC da Escola da Bola

O Modelo de Aprendizagem Implícita por Meio do Jogo tem como base a antiga cultura de se jogar na rua. Com a sua aplicação prática, espera-se que as crianças aprendam a "ler" e "resolver" situações táticas, assim como "escrever" no aspecto motor. Para os jogos da Escola da Bola, é válido o pensamento de que é primordial a propagação de ideias e o estímulo à fantasia das crianças. O termo decisivo para tal objetivo é *promoção da criatividade*. Os iniciantes aprendem a gerar o maior número possível de soluções, que também devem ser flexíveis e originais. Isso é importante não só para a aprendizagem de jogos. O modo de agir quase intuitivamente por meio do jogo influencia também o desenvolvimento geral das crianças:

Cultura de jogar na rua: promoção da criatividade

> *"Novas descobertas demonstram que a introdução de estímulos por meio de ações motoras criativas ativam cerca de 180 bilhões de células nervosas no cérebro (pelas sinapses)... Quanto mais cedo essa estimulação começar, mais amplamente elas serão praticadas, e mais favoráveis serão as condições para a formação das capacidades físicas e mentais de desempenho, assim como fatores importantes de personalidade... o estresse positivo funciona de forma compensatória contra o estresse negativo, que se desenvolve por meio do uso excessivo de novos canais..."* (Liesen, 2000).

ABC = tática + coordenação + técnica

Fundamentalmente, pode-se dizer que os jogos esportivos gerais, direcionados e específicos possuem prioridade em todos os níveis do MAIJ. Então, espera-se que "quem fala A, também tem que dizer B e C". Além de aprender a jogar taticamente (A), de forma livre, também se busca a melhora das capacidades orientadas de coordenação com bola (B) e a aquisição de habilidades orientadas gerais e simples, as quais são partes das técnicas esportivas (C). A Figura 1.2 ilustra as três áreas-alvo do MAIJ, que formam o "ABC do jogar e do exercitar".

Figura 1.2: O "ABC do jogar e do exercitar" no MAIJ.

Conteúdo: elementos táticos, coordenativos e técnicos
As três áreas-alvo que compõem os diferentes níveis de conteúdo de treinamento são os *Grupos de Capacidades Táticas* (A), os *Grupos de Capacidades Coordenativas* (B) e os *Grupos de Habilidades Técnicas* (C). Esses grupos compõem as atividades que devem ser solucionadas em muitos jogos esportivos. Na Escola da Bola orientada para as situações de jogo, as crianças aprendem a lidar com elementos táticos, ao passo que na Escola da Bola orientada para as capacidades desenvolvem-se os elementos coordenativos, e na Escola da Bola orientada para os grupos de habilidades, o foco são as técnicas esportivas.

Na escolha dos elementos para os três níveis do MAIJ recorre-se, novamente, à expressão-chave "Do geral para o específico". Nos jogos esportivos gerais da Escola da Bola, o foco central deve ser atividades que possuam a maior quantidade possível de características dos jogos esportivos. Naturalmente, não é possível descrever essas características de uma só vez. Desde a primeira publicação de Kröger e Roth (1999), já foram realizados diversos estudos pelo grupo de trabalho da Escola da Bola em Heidelberg para a continuação do desenvolvimento e validação desse grupo de elementos gerais. Os resultados dessas pesquisas serão apresentados no próximo tópico.

Os elementos: primeiro nível

No segundo nível do MAIJ, o objetivo não é encontrar novos ou outros conteúdos de treinamento. Na formação direcionada aos

Os elementos: segundo nível

jogos esportivos são selecionados e estabelecidos pontos principais. Uma reflexão será feita no segundo capítulo exatamente sobre essa diferença. A decisão deve ser de se estabelecer quais dos elementos gerais táticos, coordenativos e técnicos, requisitados em modalidades esportivas como basquetebol, handebol, *streetball* etc., têm baixa ou alta significância.

Os elementos: terceiro nível

O terceiro nível do MAIJ – com o seu conceito de jogo específico – é caracterizado, ainda, pela escolha concreta e pela relevância das ponderações. Além disso, principalmente nos aspectos táticos e técnicos, aparecem exigências relacionadas a jogos esportivos que não haviam sido considerados nos dois níveis anteriores. A corrente tradicional didática da formação apresenta a ideia de cada modalidade esportiva conforme diversos autores (ver, entre outros, Dietrich, Dürrwächter e Schaller, 1994, p. 15).

Conteúdo: grupo de elementos

Grupo de elementos modificados

O Quadro 1.1 apresenta uma visão geral do agrupamento dos elementos gerais dos jogos esportivos em seus respectivos grupos, conforme a literatura. O desenvolvimento dessas, em comparação aos livros anteriores da Escola da Bola, baseia-se principalmente nos resultados do estudo já mencionado de Haverkramp e Roth (2006). Em relação ao número de grupos e os elementos integrantes destes, pode-se verificar que, agora, a formação do iniciante nos jogos esportivos é "3 x 7" (três grupos e sete elementos).

A formação 3 x 7 do iniciante

Quadro 1.1: Os elementos dos grupos do MAIJ

Táticos (A)	Coordenativos (B)	Técnicos (C)
Oferecer-se e orientar-se	Manejo da bola	Reconhecer a linha de voo da bola
Manter a posse de bola individualmente	Pressão de tempo	Reconhecer a posição e a movimentação do colega
Manter a posse de bola coletivamente	Pressão de precisão	Reconhecer a posição e a movimentação do adversário
Criar superioridade numérica individualmente	Pressão de complexidade	Determinar o percurso até a bola
Criar superioridade numérica coletivamente	Pressão de organização	Determinar o momento de jogar a bola
Reconhecer espaços	Pressão de variabilidade	Controlar a posse de bola
Utilizar possibilidades de finalização	Pressão de carga	Controlar o passe

Elementos do grupo de capacidades táticas "A"

Na divisão dos componentes táticos gerais (A), as crianças aprendem a entender situações de jogo. A ordem dos elementos no Boxe 1.1 foi organizada – dentro das possibilidades – com base na divisão já conhecida das fases de ataque em jogos esportivos coletivos. A tática individual compreende as ações ofensivas de "Oferecer-se e orientar-se", "Manter a posse de bola individualmente", "Criar superioridade numérica individualmente", "Reconhecer espaços" e "Utilizar as possibilidades de finalização". Já as táticas coletivas são compostas por "Oferecer-se e orientar-se", "Manter a posse de bola coletivamente", "Criar superioridade numérica coletivamente", assim como a percepção de "Utilizar possibilidades de finalização".

Boxe 1.1: Definição dos elementos do grupo de capacidades táticas

> *Oferecer-se e orientar-se*: tarefas táticas, nas quais o importante é obter uma ótima posição no campo de jogo no momento exato (correr livre/distribuição no espaço).
>
> *Manter a posse de bola individualmente*: tarefas táticas na situação de 1x1, ou seja, contra um adversário, nas quais o importante é manter a posse de bola e iniciar uma ação ofensiva.
>
> *Manter a posse de bola coletivamente:* tarefas táticas, nas quais o importante é manter a posse de bola por meio do jogo com o colega e iniciar uma ação ofensiva.
>
> *Criar superioridade numérica individualmente*: tarefas táticas, nas quais o importante é obter vantagem enganando o adversário – eventualmente por meio de uma simples finta.
>
> *Criar superioridade numérica coletivamente*: tarefas táticas, nas quais o importante é obter vantagem por meio do jogo com o colega.
>
> *Reconhecer espaços*: tarefas táticas, nas quais o importante é reconhecer um espaço livre que surgiu para se marcar diretamente um ponto/gol ou ter a chance de uma "brecha" para executar um passe.
>
> *Utilizar possibilidades de finalização*: tarefas táticas, nas quais o importante é utilizar, no momento certo e a partir de uma posição ótima no campo de jogo, os espaços para um passe, chute ou arremesso ao gol ou para se alcançar a zona-alvo.

Elementos do grupo de capacidades coordenativas "B"

Na área dos grupos de capacidades coordenativas (B) é ensinado aquilo que poderia ser caracterizado como "a inteligência motora referente à bola". Crianças experientes e coordenadas devem ser capazes de aprender a realizar ações motoras e técnicas específicas dos esportes. As capacidades coordenativas têm a condição de adequar e facilitar posteriormente o seu repertório técnico. As crianças

Objetivos e conteúdos dos níveis de desenvolvimento

coordenativamente desenvolvidas terão, de forma prudente, melhores condições de partida para adequar suas ações às alternâncias situacionais do jogo. O importante é o entendimento na prática dos termos "controle de bola"/"manejo de bola", usados nas situações em que se executam as ações. Além disso, a coordenação com bola pode ser melhorada a partir de diferentes condições gerais de pressão (ver Boxe 1.2), conforme Neumaier e Mechling (1995) e Roth (1998). Essas condições correspondem de forma estreita aos critérios clássicos de desempenho da coordenação: velocidade, precisão, complexidade/organização e variabilidade.

Boxe 1.2: Definição dos elementos do grupo de capacidades coordenativas

Manejo da bola: tarefas coordenativas, nas quais o importante é um controle habilidoso e bem dosado das ações com bola.

Pressão de tempo: tarefas coordenativas, nas quais o importante é minimizar o tempo, ou seja, maximizar a velocidade.

Pressão de precisão: tarefas coordenativas, nas quais o importante é ser o mais preciso possível.

Pressão de complexidade: tarefas coordenativas, nas quais o importante é resolver diversas exigências sucessivamente, uma atrás da outra.

Pressão de organização: tarefas coordenativas, nas quais o importante é resolver muitas exigências simultaneamente.

Pressão de variabilidade: tarefas coordenativas, nas quais o importante é resolver exigências sob diferentes condições ambientais e situacionais.

Pressão de carga: tarefas coordenativas, nas quais o importante é resolver exigências sob condições de sobrecarga físicas ou psíquicas.

Elementos do grupo de capacidades técnicas "C"

Os grupos de habilidades "C" descrevem parte de atividades perceptivas e/ou motoras que aparecem, frequentemente, em muitos jogos esportivos. Sua origem baseia-se no pensamento de Hossner (1995) que, juntamente à referência de Fodor (1983), inseriu o conceito de "módulo" para caracterizar grandes grupos de habilidades com objetivos semelhantes. Os elementos integrantes desse grupo estão ordenados de forma rudimentar no Boxe 1.3, de acordo com a sequência de acontecimento das fases das ações no jogo. Os três primeiros elementos citados caracterizam exigências perceptivas (*fase de antecipação e percepção*). A origem de cada ação no contexto esportivo está em reconhecer a linha de voo da bola, assim como a posição e o caminho de corrida do companheiro de equipe e do adversário. Depois da antecipação, com a passagem para a *fase de realização*, o importante é estabelecer o caminho e a posição até a bola, além do momento de jogá-la. Por fim, estão os elementos de recepção, controle e condução da bola, assim como o de controle do passe.

Boxe 1.3: Definição dos elementos do grupo de habilidades

> *Reconhecer a linha de voo da bola*: tarefas sensórias, nas quais o importante é perceber e antecipar-se a distância, a direção e a velocidade da bola passada.
>
> *Reconhecer a posição e a movimentação do colega*: tarefas sensórias, nas quais o importante é antecipar e perceber a posição e o percurso, assim como a velocidade, de um ou mais colegas de equipe.
>
> *Reconhecer a posição e a amovimentação do adversário*: tarefas sensórias, nas quais o importante é antecipar e perceber a posição e o percurso, assim como a velocidade, de um ou mais adversários.
>
> *Determinar o percurso até a bola*: tarefas sensório-motoras, nas quais o importante é antecipar e determinar a distância, a direção e a velocidade necessárias para se chegar até a bola.
>
> *Determinar o momento de jogar a bola*: tarefas sensório-motoras, nas quais o importante é antecipar e determinar a posição e a distância até a bola, assim como o local e o melhor momento para jogá-la.
>
> *Controlar a posse de bola*: tarefas motoras, nas quais o importante é receber/conduzir a bola.
>
> *Controlar o passe*: tarefas motoras, nas quais o importante é controlar a força e a direção (ângulo) da bola no momento da rebatida, do chute ou do arremesso.

Metodologia dos níveis de desenvolvimento

Nos livros *Escola da Bola: um ABC para iniciantes nos jogos esportivos* e *Jogos de rede e raquete*, descreveu-se de forma extensiva a posição do modelo da aprendizagem implícita dos jogos em relação a três amplas regras da metodologia de iniciação (ver também Figura 1.1). Essas regras seguem a seguinte ordem:

Metodologia dos níveis de desenvolvimento

As três regras em sequência e centrais do MAIJ

> *"Do geral para o específico"*
> *"Do jogar para o jogar e exercitar"*
> *"Da aprendizagem implícita para a explícita"*

As decisões metodológicas relacionadas com essas regras foram justificadas com base em argumentos didáticos e da Psicologia Desenvolvimentista e Motivacional, assim como fundamentos da Ciência do Treinamento Esportivo e uma série de resultados de pesquisas.

Classificação e composição dos jogos e exercícios

Para este livro, foi escolhido outro foco. Depois da explicação geral das regras metódicas (livro 1 – *Escola da Bola: um ABC para iniciantes nos jogos esportivos*), sua fundamentação teórica e empírica (*Jogos de rede e raquete*) deve ser dirigida, prioritariamente, para a *classificação* e para as *condições concretas de formação* dos jogos e dos exercícios do MAIJ. Destaca-se, primeiramente, a pergunta: Em quais aspectos os elementos do jogo, os elementos das situações e os elementos dos exercícios diferem dos outros procedimentos metodológicos (ordenamento)? Em segundo lugar, deve-se fazer referência aos aspectos dos níveis gerais, que são empregados nos Capítulos 3 a 5 e que serão abordados de forma mais extensa em exemplos práticos (composição metodológica).

Classificação dos elementos do jogo, das situações táticas e dos exercícios

Sistematização das metodologias de ensino = três contínuos

A Figura 1.3 tenta demonstrar a ordem de sistematização dos variados procedimentos metodológicos, a qual é sugerida na literatura de ensino dos jogos esportivos a iniciantes. A classificação baseia-se em três critérios. O *contínuo vertical* (esquerda) reflete as três áreas de conteúdo que se pretende atingir. De baixo para cima há o deslocamento do foco principal de ensino, começando pelo aspecto motor, passando pelo componente motor-perceptivo e finalizando com o foco tático. Os outros dois contínuos ilustram qual metodologia filosófica – em relação às três perguntas básicas – está por trás da forma de classificação ou ordem. O *contínuo horizontal* diz respeito à pergunta "jogos esportivos gerais *versus* jogos esportivos específicos", e na vertical (direita) há um ponto de partida para as opções "orientado para exercício *versus* orientado para o jogo", assim como "explícito *versus* implícito".

Grupos de elementos do jogo

Os denominados grupos de tarefas para os jogos podem ser visualizados no canto superior esquerdo da Figura 1.3. O objetivo, na maior parte das vezes, é ensinar o domínio dos elementos táticos. O direcionamento metodológico da proposta para o ensino dos jogos esportivos segue uma concepção que se apoia nos aspectos gerais e comuns dos esportes, bem como no jogar, o que caracteriza as formas de aprendizagem implícita, dando tal designação a esta proposta. Um pouco mais no meio do contínuo horizontal estão ordenadas as formas de jogo presentes no Capítulo 3, com as quais as crianças, de forma integrativa com os jogos de arremesso, devem se familiarizar.

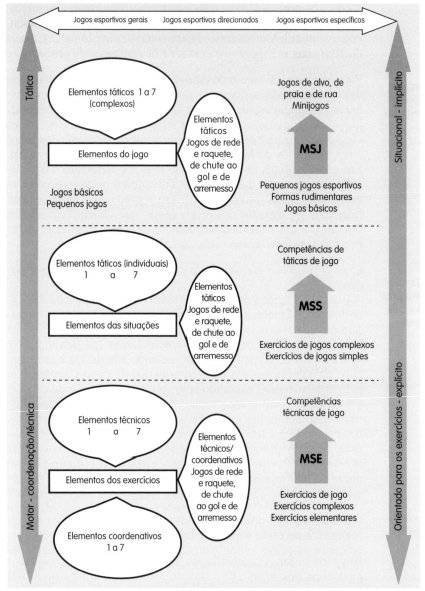

Figura 1.3: Sistematização metodológica das formas de jogo, das situações e dos exercícios, assim como a concepção de sequência no ensino dos jogos esportivos.

As intenções dos jogos esportivos gerais ou direcionados são seguidas por jogos básicos ou pequenos jogos. No primeiro caso, refere-se, normalmente, a um único jogo, como a forma básica do rúgbi ou uma variação dos jogos "*Kastenball*" ou "*Tchoukball*" (ver por exemplo: Behrends, 1983; Hagedorn, Bisanz & Duell, 1972; Kursawe e Pflugradt, 1986). O jogo básico escolhido é modificado no decorrer das aulas por meio de alterações graduais nas regras, tornando-o cada vez mais semelhante com os esportes como futebol, handebol e voleibol (ver Kuhlmann, 1998, p.141-142). No segundo caso, os pequenos jogos com bola são construídos por meio de pensamentos independentes de jogo e a todo o momento, pela modificação do tamanho da quadra, do tipo de material da bola etc. Em ambas as formas – de acordo com a abordagem e o autor – existem mais ou menos diferenças para os elementos do jogo. Os jogos básicos e os pequenos jogos são realizados, por exemplo, frequentemente em conjunto com a Metodologia da Sequência de Jogos (MSJ) e o seu processo de ensino-aprendizagem baseia-se menos na aprendizagem implícita do que nas instruções e nas avaliações explícitas.

Elementos das situações

O ensino dos elementos que compõem o grupo das capacidades táticas no Capítulo 3 é realizado principalmente, mas não de forma exclusiva, por meio de formas de jogo no sentido clássico. Nos elementos das situações, que estão na parte central do contínuo vertical, estão faltando, acima de tudo – para jogos característicos –, a alternância entre posse de bola e não posse de bola (ataque e defesa). Em vez disso, são apresentadas atividades situacionais, que devem ser resolvidas repetitivamente pelos jogadores de ataque e defesa, em curtos períodos de tempo. As exigências da situação foram concentradas, de forma mais unidimensional possível, em um determinado elemento tático. Baseando-se nesse cenário, torna-se possível utilizar os elementos das situações como instrumentos de medida (válidos) para o diagnóstico de crianças que participam da Escola da Bola. Memmert e Roth (2003) referem-se, nesse caso, aos *testes táticos de situações de jogo*. O limite entre os termos "elementos do jogo" e "elementos das situações" baseia-se na conhecida diferença entre Metodologia da Sequência dos Jogos (MSJ) e a Metodologia da Sequência das Situações (MSS), a qual está inserida no sistema de abordagens específicas do jogo (ver Figura 1.3, no canto superior e na parte central direita).

Elementos dos exercícios

Na parte inferior esquerda do contínuo estão localizados os elementos dos exercícios. Nos dois primeiros níveis do MAIJ – conforme mostrado na Figura 1.1 –, deve-se instruir e exercitar o aspecto motor. Isso é indispensável, mesmo com a grande importância da aprendizagem implícita do jogo, e a prática demonstra que as crianças também se divertem quando estão realizando esse tipo de atividade. Assim como nos elementos do jogo e nos elementos das situações, nos Capítulos 4 e 5 serão evitadas as sequências de regras, ou seja, a Metodologia da Sequência dos Exercícios (MSE). Isso é válido – diferentemente da MSE – para o conteúdo, o qual deve ter exigências estruturais coordenativas e técnicas significativas para diversos jogos esportivos.

Formação metodológica dos elementos do jogo, das situações táticas e dos exercícios
Com o estabelecimento de objetivos gerais, os pontos-chave da metodologia de iniciação estão delimitados pelo conteúdo e pelas três regras básicas do MAIJ. Elas oferecem os critérios de construção para os elementos do jogo e das situações no Capítulo 3 e para os elementos dos exercícios nos Capítulos 4 e 5. Até agora ainda não foi claramente descrito, de forma exata, como se deve jogar e exercitar na metodologia da Escola da Bola. Isso será feito a seguir.

Princípio do jogar
O jogar no MAIJ pode ser diferenciado do "jogar" da maioria dos conceitos tradicionais. Assim como no jogo na rua, o que importa é a fantasia da criança. Os jogos promovem, em relação a todos os sete elementos, principalmente a criatividade tática. Fundamentalmente, aqui também é válido o mesmo princípio das outras áreas da educação. As competências do iniciante "não prosperam em um ambiente de constantes reclamações e críticas, mas, sim, em um contexto no qual são permitidas ideias intuitivas e ousadas" (Ader, 1978, p. 340).

Para estimulação desse "*brainstorming* do jogo" e, com isso, o desenvolvimento de ideias nas crianças, existe, atualmente, um grande número de publicações especializadas. Primeiramente, para uma ação criativa, parece ser necessário um *amplo foco de atenção*. Quando as situações são percebidas de forma limitada, ou seja, quando a pessoa não enxerga aspectos relevantes, então os processos de pensamento tático não levarão ao melhor resultado. Em diversos estudos, pode-se comprovar uma correlação positiva entre a amplitude da atenção e o desempenho criativo.

Promoção da criatividade = amplo foco de atenção + pensamento divergente

Em segundo lugar, como denominado na literatura, é preciso desenvolver o chamado *pensamento divergente*. Esse termo significa dizer que as crianças aprendem a desenvolver um grande número de soluções, originais e flexíveis nas situações de jogo. Quem produz ideias facilmente previsíveis e em menor número permanecerá sem ter sucesso.

Os elementos do jogo na Escola da Bola devem ser organizados e executados de forma a permitir o desenvolvimento do foco amplo de atenção e o pensamento divergente do iniciante. Isso acontece por meio dos "dois grupos de três princípios (2 x 3)" listados no Quadro 1.2.

Quadro 1.2: Princípios do jogar na Escola da Bola

Amplo foco de atenção	Pensamento divergente
1.1 Princípio da percepção livre	2.1 Princípio da geração livre de ideias
1.2 Princípio da complexidade da percepção	2.2 Princípio da complexidade da geração de ideias
1.3 Princípio da diversidade da percepção	2.3 Princípio da diversidade de ideias

Percepção livre

De acordo com a frase-chave na primeira coluna, deve-se oferecer espaço e tempo às crianças, para que elas entendam e percebam a estrutura do jogo de forma independente e sem precisar das instruções do treinador. A "leitura livre" das situações, conforme o *Princípio 1.1*, funciona de forma que o conteúdo percebido seja distribuído em uma área ampla, envolvendo até as características periféricas das tarefas do jogo. Instruções que são oferecidas muito cedo provocam um foco de atenção indesejado. As crianças que são confrontadas com padrões tornam-se "cegas" para aspectos relevantes da situação.

Percepção complexa

O *Princípio 1.2* sugere que as exigências de percepção nas formas de jogo precisam ser complexas o suficiente. Nesse contexto, complexo significa que, na maior parte das vezes, é preciso prestar atenção a diferentes aspectos da situação ao mesmo tempo (número de conteúdos a serem percebidos). Um amplo foco de atenção torna-se necessário somente quando o número de jogadores da mesma equipe ou do time adversário não é muito pequeno e o campo ou objetivo de jogo não é muito limitado.

A diversidade da percepção

O *Princípio 1.3* deve provocar, por meio de diferentes formas de jogo, uma grande diversidade de comportamentos dos jogadores de ataque e defesa (variação do conteúdo a ser percebido). Condições novas e desconhecidas de percepção podem ser originadas, por exemplo, por meio de modificações nas condições das regras, no número de jogadores, no tamanho do campo de jogo ou nas possibilidades de ações motoras. Nos elementos do jogo e das situações da Escola da Bola estão envolvidas situações iguais ou semelhantes – como oferecer-se e orientar-se ou manutenção cooperativa da posse de bola – e são constantemente usadas em diferentes jogos. A variação do comportamento de jogo provocada por essas situações promovem diretamente a necessidade de utilização do foco amplo de atenção.

Os três princípios metodológicos para a aprendizagem do pensamento divergente estão em estreita analogia com o treinamento do foco de atenção. O *Princípio 2.1* sugere que as crianças não devem ser limitadas por soluções instruídas. O ponto central deve ser a experimentação do jogo, a quantidade antes da qualidade e a avaliação tardia. A fantasia "selvagem" não possui limites, e a geração de ideias do aluno deve ser rigorosamente separada da avaliação das ideias do treinador.

Geração livre de ideias

O *Princípio 2.2* diz que a estrutura das situações deve conter exigências complexas de tomada de decisão. Fundamentalmente as situações não podem ter soluções táticas padronizadas. O importante para o desenvolvimento do pensamento divergente é estabelecer tarefas de jogo que, ao mesmo tempo, considere muitas ideias de soluções (conhecidas) e opções.

Geração complexa de ideias

O *Princípio 2.3* diz respeito a uma ampliação da diversidade de ideias e corresponde, na literatura, ao chamado *brainstorming* criativo descrito em princípios de dissociação. Novas soluções são induzidas por meio da reinterpretação das perspectivas consideradas. Transferindo essa expressão para os jogos esportivos, significa dizer que a seleção diversificada e alternada de tarefas táticas em formas de jogos com a mão, o pé e o bastão podem auxiliar nesse processo. Uma iniciação esportiva de forma ampla e geral parece ser também recomendada.

Geração diversificada de ideias

Princípio do exercitar
Nos elementos dos exercícios, da mesma forma, deve-se considerar uma série de peculiaridades características. Isso está bastante relacionado com o estabelecimento de objetivos e os conteúdos das áreas B e C da Escola da Bola. O intuito de exercitar é menos a aquisição de técnicas esportivas específicas do que o desenvolvimento de competências *habilidosas não específicas*. Isso demonstra uma diferença essencial para outras abordagens integrativas de ensino conhecidas – como o *Teaching Games for Understanding* (ensino pela compreensão) – e para a maioria dos conceitos de jogo.

O estabelecimento dessa ênfase está relacionado a três consequências metodológicas. A *primeira* surge de um pensamento simples e lógico: quando o conteúdo de aprendizagem são habilidades não específicas, então, naturalmente, é possível ensinar habilidades não específicas. Isso significa dizer que as técnicas dos jogos esportivos que foram selecionadas para os exercícios dos Capítulos 4 e 5, a princípio, podem ser trocadas, mas somente até determinado ponto. Isso é resultado – o que afeta a

Exigências de habilidades não específicas

Técnicas de jogo elementares

segunda consequência – de um pensamento simples: quando o objetivo no treinamento são as competências de habilidade não específicas, então as crianças não devem dominar também as exigências técnicas específicas. As habilidades praticadas (modificáveis) têm que ter um caráter elementar. Atrás disso, existe uma fórmula básica decisiva para todos os elementos dos exercícios:

> *Treinamento dos grupos de tarefas "B" e "C" =*
> *Habilidades elementares de jogo + exigências de habilidades não específicas*

Com base nessa fórmula, surgem duas equações auxiliares que serão apresentadas a seguir:

> *Treinamento dos grupos de capacidades coordenativas "B"*
> *= Habilidades de jogo elementares + (geral) exigências coordenativas (ver Boxe 1.2)*
> *Treinamento dos grupos de capacidades técnicas "C"*
> *= Habilidades de jogo elementares + (modulares) exigências sensório-motoras (ver Boxe 1.3)*

Sem sequência metodológica!

As formas de treinamento organizadas desta maneira – e, com isso, fala-se da *terceira* consequência – existem mais ou menos por si mesmas. Os exercícios na Escola da Bola não correspondem a nenhuma metodologia analítica (por partes), na qual exercícios consecutivos devem ser sistematicamente resolvidos. Como já foi ressaltado na Figura 1.3, concepções em sequência (MSJ, MSS, MSE) não têm relevância no MAIJ.

Torna-se importante ressaltar novamente: nos exercícios "normais" uma habilidade de jogo é treinada, por exemplo, uma variante do arremesso, a qual para a criança, no começo, (ainda) é bastante difícil. Exatamente essa habilidade é facilitada para o objetivo da aprendizagem, antes que a criança se aproxime do MSE. Entretanto, busca-se, por meio das competências técnicas não específicas dos elementos dos exercícios, a melhora da ação com exigências de pressão de tempo ou o controle da posse de bola. Devem-se utilizar diferentes elementos técnicos, os quais tornam-se mais difíceis de serem executados com a inclusão de exigências gerais.

Resumo

- A iniciação no mundo dos jogos pode ocorrer com base no conceito integrativo ou no conceito específico-exemplar.

- O MAIJ segue a regra "do geral para o específico". Os diferentes esportes são vistos como membros de uma família. As similaridades essenciais entre os esportes devem ser conhecidas e vivenciadas de diferentes formas.

- Dentro da estrutura de três níveis de abordagem, as crianças são educadas primeiramente por meio de jogos esportivos gerais, depois veem os jogos esportivos direcionados e por último os jogos esportivos específicos.

- O estabelecimento de objetivos para o ABC do iniciante baseia-se na aprendizagem tática dos jogos (A), na melhoria da coordenação com bola (B), assim como na aquisição de partes transferíveis das técnicas esportivas com bola (C).

- Esses objetivos refletem nos conteúdos dos níveis em relação aos grupos de capacidades táticas, capacidades coordenativas e grupos de habilidades. Nesse momento da proposta no primeiro nível da aprendizagem são considerados três tipos de elementos (capacidades táticas, coordenativas e habilidades técnicas), cada um deles composto por sete conteúdos, ou seja 3 x 7, que serão descritos com jogos e exercícios no texto.

- A filosofia básica da metodologia pode ser descrita por meio de uma sequência de três regras: "do geral para o específico", "do jogar para o jogar e exercitar" e "da aprendizagem implícita para a explícita".

- Os grupos de capacidades táticas (das situações) e dos exercícios (capacidades coordenativas e habilidades) se diferenciam de outras metodologias de ensino dos jogos esportivos. De certa forma, o ensino dos jogos e exercícios na Escola da Bola é o inverso da lógica presente na metodologia tradicional.

- A "colheita", ou seja, os avanços do iniciante nos jogos, é determinada, essencialmente, por meio da qualidade metodológica da "semente" plantada. Para a iniciação esportiva de crianças e jovens, é válida, mais que para outros "campos", a sabedoria de Georg Christoph Lichtenberg: "Não existe nenhum grande obstáculo para o progresso como a obrigação de querer sentir o sucesso muito cedo".

Klaus Roth

"... para arremessar habilmente com as mãos"

Introdução e delimitação conceitual

Conceitos na área dos jogos de arremesso

   Escopo e sistematização

   Objetivos, conteúdos e métodos

Escola da Bola: jogos de arremesso

   Observações preliminares: escopo e sistematização

   Objetivos e conteúdos

   CEE: ponderação entre A, B, C

   CEE: ponderação dentro do A, B, C

   Considerações finais: métodos

Resumo

CAPÍTULO 2

Introdução e delimitação conceitual

> *"Observemos os precursores, que nós chamamos de jogos. O que é comum a eles... Quando você os observa, provavelmente não conseguirá ver o que eles têm em comum, mas você vai descobrir semelhanças e em grande quantidade... Nós temos uma enorme rede de semelhanças, que se sobrepõem e se cruzam. Semelhanças nos grandes e pequenos..."*
> *E assim, nós podemos passar por muitos, muitos grupos de jogos e vermos parentescos aparecerem e desaparecerem (Wittgenstein, 1971, citado por Willimczick, 1995, p. 47).*

No Modelo de Aprendizagem Implícita por Meio do Jogo (MAIJ), os primeiros passos para a especialização esportiva ocorrem nos estágios intermediários de formação esportiva nas modalidades de jogos de rede e raquete individuais e coletivos (JRRI e JRRC), nos jogos de chute ao gol (JCG) e nos jogos de arremesso (JA). As consequências para a implementação prática da Escola da Bola em clubes e nas aulas de Educação Física na escola podem ser lidas e analisadas no livro *Jogos de rede e raquete* (Roth, 2002, p. 40-41), publicado pela Phorte Editora.

Não são poucas as pessoas que consideram os JA como uma forma natural de jogo com bola. A ação de arremessar, em comparação com os movimentos de rebater, chutar ou bater, é considerada uma das formas básicas do cotidiano de movimentos do ser humano e pertence à categoria das atividades elementares como correr, saltar ou escalar (Ziesmer, 1984, p. 47). "A ideia básica dos jogos populares são, em sua maioria, jogos de arremesso" (Behrends, 1984, p. 56). Como expressado por Duell (1989, p. 395), eles têm "relação com jogos de arremessar, são jogados em equipe e trazem diversão e movimento a todos".

Tentativas de uma definição vinculada do termo e, assim, da área dos JA originam-se, entre outras, dos trabalhos de Czwalina (1984), Groth e Kuhlmann (1989), Heine e Rodefeld (1984), bem como de Hilmer (1983). Na forma de um pequeno resumo de suas características, o agrupamento dos jogos esportivos poderia ser assim definido:

> A ideia fundamental comum a todos os jogos de arremesso está expressa na segunda palavra do termo. Ela indica que a ideia central do jogo consiste em arremessar ou lançar com a mão um objetivo a um alvo (como o gol, a cesta ou outro

Definição dos jogos de arremesso

equipamento), ou também a um adversário. Outras características típicas dos JA, mas não obrigatoriamente presentes, são:

- O objeto de jogo é uma bola;
- A preocupação por aperfeiçoar a pontaria;
- O constante pendular dos acontecimentos do jogo entre dois objetivos de acordo com o princípio da simultaneidade e da correspondência;
- O jogo em dois grupos do mesmo tamanho. Aqui as formas do jogo estão caracterizadas nas regras, as quais ocorrem de forma a "maximizar as possibilidades de arremesso", e no jogo em conjunto, dentro ou entre os grupos.

Jogos de arremesso: basquetebol, handebol, *streetball*, handebol de praia

Jogos com essas características são elementares para modalidades como o basquetebol e o handebol, bem como as modernas variantes dos jogos de rua (*streetball*) e de praia (handebol de praia). O estudo de Haverkamp e Roth (2006) sobre os parâmetros de tipicidade dos jogos esportivos demonstram, de uma determinada forma, as exigências dos JA para o perfil dos jogos esportivos como polo aquático, futebol americano e rúgbi.

Conceitos na área dos jogos de arremesso
Escopo e sistematização

As publicações e projetos práticos para uma formação integrativa e de jogos esportivos direcionados se referem principalmente aos JRRI e JRRC. Os jogos de acertar o alvo, em comparação, foram apenas ocasionalmente levados em consideração (Behrends, 1983; Bremer, 1981; Kursawe e Pflugradt, 1986). Nesses trabalhos, na maioria das vezes, foram enfatizados somente os JCG (conferir, por exemplo, Adolph e Hönl, 1998). Isso é válido também para a literatura na língua inglesa. Nesse idioma os jogos de acertar o alvo são denominados de *"Invasion Games with Focussed Targets"*. Estes contêm essencialmente JCG, como o hóquei sobre gelo, hóquei na grama e/ou futebol. Deve-se considerar que nos países de língua inglesa os Jogos de Arremesso – com exceção do basquetebol e do *streetball* – apresentam pouca popularidade, seja na escola ou no esporte de rendimento (categorias de base).

***Deficit* na literatura em relação aos JA**

Os modelos ou cursos publicados sobre JA podem ser quase contados com os dedos de uma única mão. No Quadro 2.1, estão listadas as formas de abordagem mais conhecidas, que possuem relação com os JA (escopo) e como essas formas de jogo são estruturadas (sistematização). Os conceitos foram desenvolvidos, principalmente, nos anos 1980, em parte, como consequência do estabelecimento do ensino dos jogos esportivos de forma integrativa nos regulamentos e currículos de Educação Física de cada estado, bem como forma de avaliação do professor (por exemplo, em Nordrhein-Westfalen).

Quadro 2.1: O conceito de JA: escopo e sistematização

Autor (es)	Escopo e sistematização dos jogos de arremesso (JA)
Groth e Kuhlmann (1989)	Pequenos jogos Jogos integrativos Grandes jogos
Heine (1994) Heine e Rodefeld (1984)	O mesmo valor para todas as formas de jogos de arremesso
Ziesmer (1984)	Jogos de arremesso cooperativos Jogos de arremesso orientados para a oposição (competitivos)
Hilmer (1983)	Jogos de arremesso simples Jogos de arremesso com oposição Jogos de arremesso coletivos
König (2002)	Jogos com pequenos equipamentos (materiais) Jogos com oposição Jogos com tempo-cesta-gol
Müller (1992)	Jogos para se habituar com a bola Jogos com oposição Jogos com objetivos e variações de bola

Em uma análise comparativa encontram-se algumas semelhanças nos ensaios de Groth e Kuhlmann (1989) e Heine e Rodefeld (1984), bem como o trabalho de Ziesmer (1984). Seus modelos permitem ser caracterizados com base em três semelhanças centrais:

- O princípio da diversidade e rica variedade dos JA;
- O princípio da equivalência de todos os JA (mesmo valor ou importância);
- O princípio da "livre" classificação e sequência.

Em relação ao primeiro princípio, Heine e Rodefeld (1984) enfatizam o significado da continuidade do desenvolvimento de novidade nos jogos. O grupo-alvo de seus conceitos são os (futuros) professores. Ziesmer (1984) defende uma ampliação do espectro por meio de uma forte consideração dos jogos cooperativos. Ao contrário da forma de concorrência orientada, o autor valoriza mais o jogo com o colega e não contra ele, procurando oferecer contextos mais naturais em primeiro plano. Finalmente, Groth e Kuhlmann (1989) fazem relação com os chamados Jogos Integrativos. Com base nesses conceitos, deve-se estabelecer uma ponte entre o grande grupo de pequenos jogos e o pequeno grupo de grandes jogos. "Estes apresentam nas suas ideias de

Diversidade e rica variedade

jogo uma parte da diversidade existente nos jogos de movimento, sem comprometer as estruturas típicas dos jogos de lançamento" (Groth e Kuhlmann, 1989, p. 390).

Equivalência

Estreitamente associado com a quantidade de facetas desejadas está o segundo princípio orientador denominado de equivalência. "Nenhum jogo pode ser considerado indispensável" (Heine e Rodefeld, 1984, p. 55). Particularmente, os grandes jogos não podem ser considerados como mais importantes que os outros jogos. O valor de um jogo é determinado pelos aprendizes e pelos atores. A partir desse contexto, proíbe-se expressamente – e esse é o terceiro princípio – uma sequência de jogos predeterminada ou uma série fixa para a totalidade dos JA. Todas as formas carregam em si mesmas um caráter específico, por meio de suas próprias características. Os JA "não fazem parte de passos metodológicos ordenados, e que são substituídos pelo próximo jogo ou subpassos, um imediatamente após o outro" (Groth e Kuhlmann, 1989, p. 392).

Livre classificação sequência: prós e contras

Também para Hilmer (1983), König (2002) e Müller (1992), a variedade dos JA a serem oferecidos se constitui em uma ideia básica de desenvolvimento da motricidade. No entanto, ao contrário dos autores da Quadro 2.1, eles consideram apropriada a divisão em níveis e a ordenação das formas de jogo. Os três conceitos sugerem jogos de arremesso simples nas fases iniciais, nos quais ocorra a junção do suporte do colega com a oposição de adversários (*Parteiballspiele*). Em um terceiro plano estão localizados os jogos coletivos, nos quais se deve lançar uma vez, a uma cesta ou a um gol. Passando por esses níveis de rendimento, as exigências da ação de recepção (agarrar) têm uma crescente importância funcional, assim como se eleva a necessidade de "consciência do nós" e de "cooperação" (Hilmer, 1983, p. 172). König (2002, p. 9) constatou um aumento gradativo da complexidade e da dinâmica nas tarefas dos jogos a serem solucionadas.

A conclusão sobre o escopo e a sistematização dos JA pode ser rapidamente deduzida. Por um lado, a abertura a formas novas ou modificadas de jogos é um princípio contínuo e indiscutível. Por outro lado, há igualmente rejeições e opiniões favoráveis à lógica de sequência. O ponto central dessa questão depende, em última análise, se a pessoa considera conceitos metodológicos, como sequência de jogos ou sequência de situações, como formas vantajosas ou não para o ensino dos jogos.

Objetivos, conteúdo e métodos

O objetivo e as formas de estruturação dos conteúdos do conceito relacionado aos JA apresentam um caráter abstrato. Isto não é, de forma alguma, uma consideração ou sentença pensada de modo depreciativo. No ponto central estão os objetivos sociais de aprendizagem, tais como o de "capacidade de cooperação", "habilidades de interação", a "máxima participação e inclusão" e a "empatia" (Ziesmer, 1984, p. 47). Relacionado com o "jogar", esses aspectos correspondem com a capacidade de jogo em um sentido amplo e geral (Dietrich, 1984), expressando a capacidade de controle e eliminação de interferência no decorrer do jogo. Os alunos formam, nas atividades durante as aulas, as suas próprias realidades do jogo.

Diversidade e ric variedade

Para o estabelecimento dos objetivos essenciais também são levados em consideração as características psicológicas e as competências. Em combinação com os JA, o mais comum é a redução do medo (conferir, entre outros, Müller, 1992, p. 49). Diversos estudos também mencionam que os jogadores e os professores relatam um aumento da motivação, da autoestima e da aceitação percebida. Heine e Rodefeld (1984, p. 55) complementam, considerando os grupos aos quais se dirige o seu trabalho de capacitação – estudantes de Educação Física, professores, treinadores –, os seguintes objetivos cognitivos de aprendizagem: reconhecimento das estruturas gerais comuns, a determinação dos elementos constitutivos e o conhecimento sobre as possibilidades de ações táticas básicas.

Objetivos psíquicos e cognitivos de aprendizagem

Aspectos da capacidade de jogo com estreita relação com o entendimento do termo podem ser identificados na proposta da Escola da Bola por meio do grupo de elementos e possuem um papel marginal na literatura sobre os JA. O consenso consiste essencialmente em técnicas especiais de arremesso que devem ser ou não treinadas de forma exemplar (específica) (conferir, por exemplo, Heine e Rodefeld, 1984, p. 55). Os identificadores de objetivos e os conteúdos formulados positivamente referem-se aos componentes das capacidades coordenativas e informativas (por exemplo, a capacidade de orientação, reação e percepção, em Ziesmer, 1984, p. 50) ou às competências motoras gerais, como a ampliação das possibilidades de ação no jogo (Groth e Kuhlmann, 1989, p. 389) e o controle da bola (Müller, 1992, p. 50).

Objetivos táticos informativos e motores de aprendizagem

Groth e Kuhlmann (1989, p. 392), bem como Heine e Rodefeld (1984, p. 55), favorecem a dominância de objetivos sociais e psíquicos de aprendizagem correspondentes a um modelo de ensino que começa com o desenvolvimento autorresponsável das formas de jogo e uma encenação dos jogos pelos alunos. Exatamente nesta fase da aula as capacidades sociais e comunicativas devem ser discutidas e trabalhadas. Depois da fase de encenação segue-

-se a etapa de acumulação sistemática de experiência prática. De acordo com a filosofia metodológica básica do MAIJ, existe um consenso de 1:1 com as regras "do geral para o específico" e "do jogar para o jogar e exercitar". As formas gerais de jogos preparam o aluno por meio da semelhança de estruturas do mundo específico dos grandes jogos de arremesso, e de certa forma se apresentam antecipadamente. Portanto, é válido o seguinte ditado: "Enquanto as crianças são crianças, em primeiro lugar, elas devem e desejam acumular experiência por meio do jogo":

Consenso da primeira e segunda regra do MAIJ

> *"Somente nos níveis mais elevados de rendimento a aprendizagem dos jogos deve ser complementada com exercícios específicos e conscientes. Do ponto de vista pedagógico e justificável, parece que a prática das habilidades deverá ser realizada somente na fase em que os aprendizes mostram, por si mesmos, interesse para tal, e a prática estará a serviço do jogo à medida que for vivenciado" (Hilmer, 1983, p.160).*

O direito das crianças ao jogar não pode, portanto, ser "sacrificado" para uma promessa de futuro. *Deficit* e diferentes deficiências no jogo devem ser, em primeira instância, superados por meio da modificação das regras ou pela completa troca de jogos.

Ainda não há um consenso em relação à terceira regra do MAIJ, "da aprendizagem implícita para a aprendizagem explícita", que possui estreita relação com o "Princípio do jogar" na Escola da Bola (conferir Quadro 1.2). Hilmer (1983), Müller (1992) e Ziesmer (1984) argumentam a favor – de forma análoga com a proposta do MAIJ – de princípios de *percepção livre e implícita*, e de *uma geração de ideias livre e diversificada*. Müller (1992, p. 50) apresenta diversas situações de "aulas abertas", nas quais "arbitrariamente são deixadas bolas na quadra para que os alunos experimentem". Trata-se de formas de ensino-aprendizagem pela descoberta e pela tentativa e erro, nas quais as ações das crianças não são comentadas ou avaliadas (Ziesmer, 1984, p. 47).

Outra opinião em relação à terceira regra do MAIJ: prós e contras

Em contraposição, observa-se nos modelos de Groth e Kuhlmann (1989), bem como de Heine e Rodefeld (1984), que o acúmulo de experiência por meio do jogo corresponde a uma fase de discussão e avaliação. Semelhante à proposta presente no modelo do *"Teaching Games for Understanding"* (ver Griffin, Mitchell e Oslin, 1997; Roth, 2002), será oportunizado o entendimento do jogo por meio de perguntas e questionamentos após ações bem ou malsucedidas realizadas no jogo. Esse processo de aprendizagem apoia-se nos processos explícitos de aprendizagem que fazem o aluno estar consciente do conhecimento.

Escola da Bola: jogos de arremesso

A proposta da Escola da Bola: jogos de arremesso será desenvolvida na sequência com base na filosofia básica do MAIJ. À medida que se fizer necessário para a compreensão, serão apresentadas as relações com os modelos tradicionais dos jogos de arremesso. O foco principal está na determinação dos objetivos e conteúdos necessários, ou seja, o que é denominado de seleção de jogos de arremesso e equidade dos elementos do jogo (3 x 7) para os iniciantes, o "ABC", na linguagem da Escola da Bola. O escopo e a sistematização, assim como os métodos, são suficientes para observações curtas "pré" e "pós". No que diz respeito a esses aspectos, presume-se que há uma congruência completa entre os níveis de jogos esportivos gerais e jogos esportivos direcionados da Escola da Bola (ver Capítulo 1).

Observações preliminares: escopo e sistematização

A Escola da Bola: jogos de arremesso baseia-se nos princípios da *diversidade, igualdade de valores* e *liberdade de ordenação* dos elementos do jogo, das situações e dos exercícios. Nos dois primeiros níveis do MAIJ não é considerada a sequência de conceitos, isto é, a Metodologia da Sequência dos Jogos, das Situações e dos Exercícios (ver Capítulo 1). Dessa forma, surge uma proximidade de pensamento com os ensaios de Groth e Kuhlmann (1989), Heine e Rodefeld (1984) bem como de Ziesmer (1984).

Objetivos e conteúdos

As publicações para transmitir conceitos metodológicos de processos de ensino-aprendizagem não são, de forma alguma, livros de culinária com receitas patenteadas. Essas obras podem representar somente parte da multidimensionalidade das situações de ensino e treinamento e não devem ser medidas em sua totalidade de demandas. Para o currículo da Escola da Bola, a decisão foi previamente tomada, de forma que suas recomendações se concentram no núcleo da capacidade de jogo, isto é, nas capacidades táticas, coordenativas e nas habilidades. Isso não significa um desprezo às outras áreas de objetivos de aprendizagem.

Elementos da Escola da Bola = capacidade de jogo no sentido restrito

A prática da Escola da Bola Heidelberg mostra – e isto é claro para um modelo de ensino de esportes para crianças e jovens – que o ABC de aprendizagem do jogo, casualmente, encaixa-se com o estabelecimento de objetivos psicossociais descritos anteriormente, das abordagens clássicas dos jogos de arremesso.

Porém: são válidos os princípios da totalidade e da adequação ao desenvolvimento

A proposta da Escola da Bola – como o sucesso documentado – diz respeito a programas globais e adequados ao desenvolvimento. Nesse contexto, o professor de Educação Física, treinador ou monitor possui uma função-chave. A principal tarefa dessas pessoas é elaborar os planos de aula de tal forma que promovam o completo desenvolvimento da criança por meio da melhora das competências táticas e motoras.

Para a escolha e a ponderação do conteúdo do grupo de elementos, foi utilizada uma nova abordagem: o estabelecimento de *Controle das Exigências dos Elementos* (CEE), que pode ser entendido como um "equalizador".[1] O pensamento se apoia e segue uma das novas tendências na teoria do treinamento e na pesquisa em aprendizagem motora diferencial. Formulado a partir de palavras-chave, tem se ressaltado, desde meados da década de 1990, o pensamento relacionado à capacidade, o qual vem sendo substituído pela orientação dos conteúdos das aulas às características de classe de tarefas dos esportes. Isso significa, como colocado no livro *Escola da Bola: um ABC para iniciantes nos jogos esportivos*, uma pequena, porém, importante diferença. Em vez de se considerar as "condições físicas", fala-se em "formas de sobrecarga principais" ou "formas de estresse"; também em vez de se mencionar "capacidades coordenativas", fala-se em "exigências" coordenativas típicas etc.

A nova proposta de enfocar e observar o problema: seguir uma orientação nas exigências e os requisitos das tarefas, não nas capacidades

Com essa mudança de perspectiva, não está sendo apenas feita uma substituição de termos. Isso contribui para evitar alguns dos problemas frequentes das Ciências do Esporte sobre a abordagem das capacidades. Não resolve, porém, todas as reclamações. Continua a existir a questão metodológica de como uma área de mediação, por exemplo, o ensino-aprendizado dos jogos de arremesso, estabelece e pondera as classes de tarefas e exigências de forma competente e objetiva. Sugestões valiosas para responder a essa pergunta são oferecidas pela abordagem "SIM" (ver, entre outros, Hossner, 1995; Memmert, 2004; Neumann, 1992), e o modelo KAR (ver, entre outros, Neumaier, 2001; Neumaier, Mechling e Strauss, 2002). Eles são considerados como os geradores principais das ideias e padrinhos das configurações que sucederam o estabelecimento do CEE.

---

[1] Será utilizado uma espécie de equalizador para o controle dos conteúdos em cada um dos elementos propostos pela Escola da Bola: jogos de arremesso.

A novidade citada anteriormente é composta pela concreta determinação do controle das posições. Elas são baseadas, conforme mencionado várias vezes no Capítulo 1, em entrevistas com especialistas peritos, conforme sugerido por Haverkamp e Roth (2006). O objetivo desse estudo consistiu, junto com a determinação das características típicas dos diferentes jogos para a formação das famílias de jogos esportivos (ver Tabela 1.1), em analisar o significado dos elementos do denominado "3 x 7", para os JRRI, os JRRC, os JCG e, finalmente, os JA. Para isso, os autores utilizaram uma fórmula do Modelo de Protótipo, o qual fornece o valor dos 21 elementos para os quatros grupos. Esses códigos são chamados de validade de interpretação (*Cue-Validitäten* – CV) e assumem valores entre 0 e 100. Quanto mais alto o CV, maior é a representatividade do elemento para aquela família de jogos esportivos. Um exemplo: para o elemento do grupo de capacidades táticas "Manter a posse de bola coletivamente", foram determinados os seguintes valores de CV:

CEE: Estudo sobre a escolha e ponderação dos elementos

Controle de posição = CVs

CV (JRRI) = 14
CV (JRRC) = 26
CV (JCG) = 30
CV (JA) = 30

O elemento possui, conforme esperado, uma importância maior nos JCG e nos JA do que nos JRRC e, maior ainda, do que nos JRRI. O exemplo ilustra que os CVs se distribuem entre os quatro grupos, e a soma de todos é igual a 100 pontos.

CEE: ponderação entre A, B, C
Muito rapidamente, e de forma óbvia, os valores do CV derivam-se dos elementos, de forma que os JCG e os JA podem ser considerados mais táticos. A Figura 2.1 ilustra a ponderação para a área da tática, coordenação e técnica dos JA.

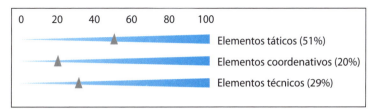

Figura 2.1: O significado das áreas A, B, C para a Escola da Bola: jogos de arremesso (Haverkamp e Roth, 2006).

Quando se observam os CVs dos 21 elementos em um *ranking* único, os sete "elementos" táticos aparecem entre os dez primeiros. De forma contrária, nos JRRI e JRRC, cinco elementos do grupo de habilidades e quatro elementos coordenativos são colocados nos primeiros lugares. Depois de transformados e de a média ter sido calculada várias vezes, pode-se dizer que o peso dos elementos táticos nos JA é de 51%, o peso das habilidades de 29%, e o da coordenação, 20%. Para comparação: nos JRRI esses valores são de 45% para a coordenação, 38% para as habilidades e somente 17% para a tática.

A ilustração desse resultado confirma a opinião atual de professores e treinadores. Os JA – assim como os JCG – "vivem" primordialmente de suas complexidades táticas. O *deficit* de habilidade em iniciantes – assim como em avançados – é mais fácil de ser compensado do que nos JRRI e JRRC. Isso tem consequências para as atividades apresentadas na parte prática do livro. Os jogos situacionais na Escola da Bola (A) possuem um maior valor do que os elementos motores das áreas B e C.

CEE: ponderação dentro do A, B, C
Uma análise mais detalhada da validade de interpretação (*Cue-validitäten*) para cada um dos elementos da Escola da Bola comprova a ponderação das áreas A, B e C, descrita anteriormente. Na Figura 2.2 estão ilustradas as 21 posições no "controlador" ou "regulador" da importância dos conteúdos para os JA. Os valores dos CVs estão colocados entre parênteses logo após cada um dos nomes dos elementos.

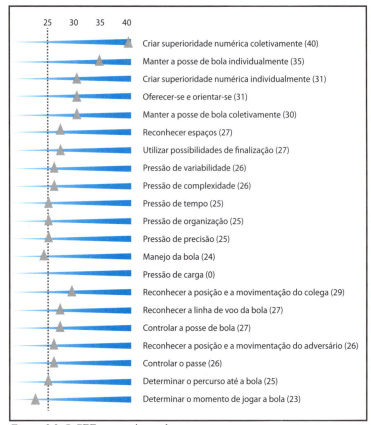

Figura 2.2: O CEE para os jogos de arremesso.

A importância fundamental da tática pode ser novamente reconhecida com base na primeira impressão. Esta se documenta não somente pelos altos valores dos coeficientes CVs entre 40 e 27. Em comparação com os outros grupos de esportes, como os JRRI, os JRRC e os JCG, torna-se claro que cinco dos sete elementos táticos alcançam o seu maior valor de CV nos JA. Trata-se das exigências de *criar superioridade numérica coletivamente, manter a posse de bola individualmente, criar superioridade numérica individualmente, reconhecer espaços* e *utilizar possibilidades de finalização*.

Para os elementos coordenativos e do grupo de habilidades pode-se dizer, de forma semelhante, que seus valores de validade de interpretação se distribuem com valores baixos. Se excluirmos o condicionante de "Pressão de Carga", que é considerado pelos peritos como pouco importante para os iniciantes nos

Pouca diferença na ponderação dos elementos coordenativos e de habilidades

jogos, então as variações dos CVs ficam entre os valores de 26 e 24 (elementos coordenativos) e entre 29 e 23 (elementos de habilidades).

O CEE para os jogos de arremesso apresenta, por um lado, uma moderada redução do grupo de elementos. Foram escolhidas classes de exigências ou tarefas que apresentaram um CV menor que 25. Essa fronteira determina cada valor que seria necessário para uma perfeita e equilibrada caracterização dos elementos constitutivos dos quatro grandes grupos das modalidades esportivas (ou seja, $100/4 = 25$). Desta forma, na Escola da Bola: jogos de arremesso os elementos que devem ser desenvolvidos no processo de ensino-aprendizagem são reduzidos, passando de 21 para 18. Os elementos de coordenação "Manejo de Bola" e "Pressão de Carga", bem como a habilidade de "Determinar o percurso até a bola" não devem ser considerados. Os motivos para estas compreensíveis estimativas dos peritos podem ser diferentes. O "Manejo de Bola" apresenta-se, de certa forma, por meio de todos os elementos do grupo das capacidades coordenativas, sendo treinado, na realidade, quase automaticamente em conjunto com os demais elementos dos exercícios. O elemento "Pressão de Carga" pode ser considerado desprezível na iniciação esportiva, e, finalmente, a bola nos jogos de arremesso somente é rebatida ou jogada em um determinado ponto em situações excepcionais, sendo mais frequentemente recebida (agarrada) ou controlada/conduzida (por exemplo, quicada no chão).

Três elementos são desconsiderados na Escola da Bola: jogos de arremesso

O CEE oferece, por outro lado, a base da orientação para o alcance das exemplificações na parte prática do livro. A proporção dos elementos do jogo e das situações para a área A (Capítulo 3) e para os exercícios dos grupos B e C (Capítulos 4 e 5) é de 2:1:1.

Considerações finais: métodos

As três regras metodológicas básicas do MAIJ e os princípios do jogar e exercitar descritos no Capítulo 1 representam, para os jogos de arremesso na Escola da Bola, a direção do caminho metodológico fundamental da proposta. O fato de, como repetidamente afirmado, os conceitos dos MSJ, MSS e MSE não terem significado não deve ser mal interpretado. Reflexões sobre a sequência dos elementos do jogo, das situações e dos exercícios não são proibidas. Muito pelo contrário. É obvio que, ao longo de um processo de aprendizagem, as tarefas devem se tornar, gradualmente, mais difíceis e exigentes. Aqui existem duas possibilidades: ou se inicia com jogos, situações e exercícios, que são descritos nos Capítulos 3 a 5 e são classificados como sendo de baixo nível de complexidade (I ou II) e só depois se vai para as formas de tarefas com exigências mais elevadas (II ou III); ou então se pode traba-

O lema "do fácil para o difícil" mantém sua validade

lhar com jogos, situações e exercícios inicialmente sob condições simplificadas (por exemplo, em situações de superioridade numérica, com bolas mais leves ou mais lentas), que gradativamente são diminuídas, até desaparecerem. Dicas de como isso pode ser concretizado nas áreas A, B e C podem ser encontradas na introdução dos Capítulos 3, 4 e 5. Nesse contexto, será feito referência às microrregras dos jogos de arremesso.

Resumo

• A Escola da Bola: jogos de arremesso é um conceito relacionado aos jogos esportivos direcionados, que tem por base o modelo do "ABC" para os iniciantes. Nos Jogos de Arremesso o objetivo do jogo é atingido por meio da ação de arremessar, a qual, normalmente, tem o apoio do colega e a contraposição do adversário. Em geral, o objeto de jogo utilizado é uma bola.

• Conceitos de ensino-aprendizado dos jogos de arremesso enfatizam a diversidade e a abertura para formas novas ou modificadas de jogos. Estas acentuam a importância de objetivos relacionados com a aprendizagem social e psicológica e, com isso, a capacidade de jogo no seu sentido mais amplo. As competências táticas e motoras a serem adquiridas são, no entanto, tratadas de forma geral e desconectada. Existem diferenças de opinião sobre questões relativas a se existe uma lógica de sequência de jogos que deve ser observada e se o processo de aprendizagem deve enfatizar mais a aprendizagem implícita ou explícita.

• A Escola da Bola: jogos de arremesso não pode ser dissociada da filosofia do MAIJ e se complementa por meio dos princípios da totalidade (holístico) e da adequação aos níveis de desenvolvimento. As capacidades de jogo relacionadas aos jogos de arremesso relacionam-se de forma estreita com seus elementos táticos, coordenativos e de habilidades. As seleções e ponderações necessárias ao ensino-aprendizagem dos conteúdos são realizadas com base no Controle de Exigências dos Elementos (CEE). Nos resultados pode-se observar que os jogos de arremesso são determinados prioritariamente pelas situações e elementos táticos. O número de elementos a serem treinados foi reduzido para $7 + 5 + 6 = 18$.

• Mesmo em um livro centrado na prática, com pretensões de descrição das exigências curriculares, as páginas referentes à parte de teoria não deveriam ser simplesmente "puladas". O uso magistral e criativo do ambiente por meio do uso dos elementos do jogo, das situações e dos exercícios corresponde ao conhecimento básico científico. A falta de literatura não é, em absoluto, uma desculpa para um bom planejamento e uma boa execução das aulas: "Aquele que não entende nada da teoria ainda não é um bom profissional". O inverso também é verdadeiro!

Daniel Memmert / Renate Schubert

Jogos de arremesso orientados para situações táticas do jogo

Introdução

Microrregras específicas dos jogos de arremesso

Legenda e formas gráficas de apresentação

Conjunto de grupos de tarefas e de jogos com situações táticas

Oferecer-se e orientar-se

Manter a posse de bola individualmente

Manter a posse de bola coletivamente

Criar superioridade numérica individualmente

Criar superioridade numérica coletivamente

Reconhecer espaços

Utilizar possibilidades de finalização

Introdução

Os objetivos, conteúdos e métodos dos jogos orientados em situações táticas nos jogos de arremesso estão explicados nos Capítulos 1 e 2 deste livro. No sentido básico, trata-se do desenvolvimento da capacidade orientada de jogo. De acordo com o perfil de exigência dos esportes (handebol, beisebol, basquetebol, basquete de rua etc.), os grupos de tarefas táticas são apresentados de forma selecionada e conforme seu peso ou importância em cada uma das modalidades. A seguir, apresentam-se as sugestões para a aplicação prática ou, expresso de outra forma, a sequência de uma planificação de atividades, no sentido de uma caixa cheia de atividades possíveis de realização em cada grupo de tarefas. São apresentados os grupos de tarefas de jogos e de situações táticas de jogos com os quais podem ser treinados os sete grupos de tarefas táticas.

Microrregras específicas dos jogos de arremesso

Com a designação de microrregras, pretende-se destacar as dicas que, dentro do processo de planificação dos jogos de arremesso, auxiliem o professor na aplicação das atividades. Ao longo do tempo, as dificuldades dos grupos de tarefas nos jogos vão aumentando e solicitando um nível mais elevado de ação dos praticantes, o que deve ser adaptado ao nível dos alunos.

Primeira microrregra: das formas fáceis para as mais complexas de definição motora
No início dos jogos de arremesso, as crianças se apoiam em habilidades motoras simples, como arremessos com uma mão ou com as duas (ver Figura 3.1). No decorrer do processo, os grupos de tarefas e suas situações podem solicitar variações dos arremessos com apoio, com salto (como no handebol ou no basquetebol), ou arremessos em pé, como na técnica do lance livre do basquete.

A caracterização das técnicas específicas

Microrregras específicas dos jogos de arremesso 47

- Lançamento com uma mão
- Lançamento com as duas mãos
- Bandeja com uma mão
- Lançamento tipo apoio do handebol
- Bandeja com as duas mãos-braços
- Lançamento em suspensão, com salto
- Arremesso com uma mão
- Passe de peito
- Arremesso com duas mãos

Figura 3.1: Gráfico geral dos diferentes tipos de formas motoras solicitadas na Escola da Bola: jogos de arremesso.

Segunda microrregra: dos grandes aos pequenos objetivos

Variar os objetivos

Um jogo no qual se convertam poucos gols é considerado muito pesado, monótono e, consequentemente, as crianças perdem interesse e motivação na realização da atividade. Para se aumentar a quota de acerto e de sucesso, no início da Escola da Bola deve-se observar se os objetivos e as distâncias se adequam aos objetivos macros (distâncias pequenas, reduzi-las nas instalações de basquetebol e handebol), fazendo que, por exemplo, as tabelas e os gols possam ser modificados e diferentes elementos possam ser utilizados para definir os jogos (ver Quadro 3.1). Gradativamente, deve-se observar que os objetivos do jogo sejam cada vez mais próximos das condições de competição.

48   Jogos de arremesso orientados para situações táticas do jogo

Quadro 3.1: Sugestões para a utilização de diferentes objetos como objetivos dos jogos

Aparelho (equipamento)	Possibilidade de utilização
Cesta de basquetebol	Objetivo
Tabela de basquetebol	Objetivo na superfície
Gol	Objetivo
Cestas em pedestais	Objetivo
Colchonetes	
• Pendurados	Gols (fixados para segurança)
• Deitados	Superfície para se colocar a bola ou para se jogar a bola
Colchões	
• Pendurados	Superfície
• Deitados	Superfície
Plintos pequenos	
• Em pé (parte revestida para cima)	Como superfície/objetivo
• Deitado (parte revestida de lado)	Como superfície/objetivo
• Virado (parte revestida para baixo)	Como espaço objetivado
Plinto	
• Em pé	Superfície
• Aberto	Superfície
Partes de plinto	
• Deitado	Objetivo para se atravessar
• Deitado no chão	Como local para depósito
Banco sueco	
• Parte de sentar-se para cima	Objetivo
Postes ou cones	
• Colocados no chão	Como alvo
• Colocados no chão com a abertura para cima	Por exemplo, como cestas (tipo lixeiras)
Medicine ball	
• Em pé	Objetivo para acertar
• Deitado	Objetivo para fazer rolar
Pneus	
• Deitados no chão	Como alvo
• Em pé, fixados	Como objetivo, atravessando a bola por eles
• Pendurados (livremente ou contra a parede)	Objetivo (fixo ou móvel)
• Conduzir (rolar) vertical e horizontalmente	Objetivo móvel para atravessar

Criatividade na utilização de objetivos para os jogos

Continua

Continuação

Aparelho (equipamento)	Possibilidade de utilização
Cordas • Em diferentes formas disponibilizadas no chão	Como alvo
Bolas de borracha • Rolar	Como alvo móvel
Postes para marcações • Para marcar gols como	Objetivos fixos
Parede de grades • Na forma de um quadrado	Objetivos fixos
Patins/*Skate* • Fixado em um pequeno plinto	Como objetivo de impulsionar
Lenços/Toalhas/Papel • Voando (lançados para o alto)	Como objetivos móveis
Maça • Colocadas em pé em diferentes distribuições	Como objetivos de pontaria

Terceira microrregra: do campo de jogo grande ao pequeno

Muitos acertos elevam a motivação!

As tarefas e os jogos são organizados, em um primeiro momento, de forma que as crianças joguem em espaços amplos. As exigências coordenativas de pressão de tempo e de precisão apresentam, nesse cenário, pouca importância. As crianças têm mais tempo para recepcionar a bola e passá-la ao colega. Assim, a probabilidade, mesmo quando o passe não seja preciso, de se manter a posse de bola é um comportamento tático importante. No decorrer do processo de ensino-aprendizagem-treinamento, devem-se marcar/delimitar campos pequenos, para se aumentar a pressão de tempo e se provocar passes mais precisos.

Quarta microrregra: de bolas macias a bolas normais

Devem ser utilizadas bolas de basquete e handebol!

Na Escola da Bola Geral, foram apresentados jogos com bolas de espuma e de plástico flexível. Na Escola da Bola: jogos de arremesso, podem ser jogados os mesmos jogos e realizadas as mesmas atividades com bolas das categorias "mini", como mini-handebol e minibasquetebol. Quando as crianças crescem e adquirem experiência junto com a idade, estão em melhores condições de utilizar bolas menos macias, mais duras, para passar e receber.

Quinta microrregra: dos jogos em superioridade numérica aos jogos em igualdade numérica
Em alguns grupos de tarefas nos jogos com situações táticas, é possível colocar um jogador neutro, um "curinga". Este tem, por exemplo, uma posição fixa no campo de jogo ou joga fora das linhas que demarcam o campo de jogo. Para a equipe em posse de bola, ele serve como um jogador ao qual se pode passar a bola. Ele é praticamente mais um atacante, contudo sem defensor direto. O jogador curinga pode recepcionar e passar a bola, mas não pode fazer gols ou cestas, por exemplo, de modo que o jogador curinga não pode realizar a ação final do objetivo do jogo, apenas serve como apoio para a conclusão deste. Com a retirada do curinga, a vantagem ofensiva desaparece e, quando este jogador não é acionado, cada um dos participantes é obrigado a ser mais assertivo, e está com uma pressão de tempo muito grande.

> Retirar a possibilidade de uma assistência

Sexta microrregra: das equipes pequenas às equipes com muitos jogadores
Os jogos orientados para as situações na Escola da Bola geral apresentam um número reduzido de jogadores para as diferentes equipes nos mais variados jogos. Somente quando se observa uma determinada segurança no decorrer das atividades e no uso da técnica pelos participantes, bem como um determinado nível de desenvolvimento das capacidades perceptivas, que o número de jogadores é aumentado, gradativamente, até completar os integrantes de uma equipe num jogo oficial.

> Mais jogadores = manter a visão periférica

Na Figura 3.2 estão explicados os símbolos que caracterizam os grupos de tarefas e situações táticas de jogo aplicados na parte prática da obra. A seguir, utiliza-se uma forma de apresentação com base em um exemplo de atividade (Figura 3.3).

> Legenda e formas gráficas de apresentação

Na descrição de cada um dos grupos de tarefas dos jogos e situações táticas se encontra, na parte superior mais alta da página, um quadro, como se fosse um cabeçalho da atividade descrita naquela página. Esse cabeçalho mostra qual é a tarefa tática considerada central nesse jogo (primeiro critério de ordenamento das atividades). Cada um dos sete grupos de tarefas táticas conta com, aproximadamente, quatro a seis exemplos. Em cada grupo de tarefas táticas, primeiro são descritas as situações e depois as formas de se jogar, enfatizando-se os aspectos que integram sua dimensão tática. Finalmente, são descritos os jogos que desenvolvem várias dimensões táticas e que tematizam mais uma exigência tática.

> Indicadores para os jogos e coleção de exercícios

O cabeçalho apresenta uma avaliação de três níveis de complexidade (segundo critério de classificação: I = baixo, II = moderado e

Microrregras específicas dos jogos de arremesso

III = alto). Eles representam uma sugestão "abstrata e relativa" do nível de dificuldade. Abaixo do cabeçalho, o desenvolvimento da atividade está ilustrado graficamente e explicado. No final, encontram-se dicas de organização e sugestões para variação. O nível de complexidade de cada variação está colocado entre parênteses.

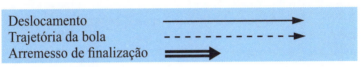

Figura 3.2: Simbologia.

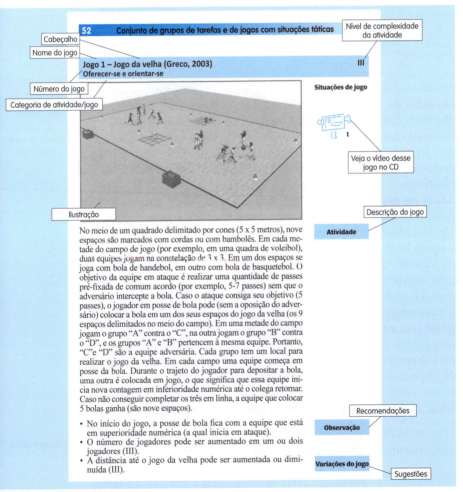

Figura 3.3: Representação de um jogo.

Jogo 1 – Jogo da velha (Greco, 2003)
Oferecer-se e orientar-se

III

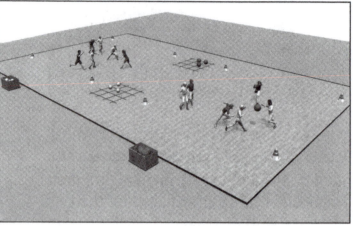

Situações de jogo

1

No meio de um quadrado delimitado por cones (5 x 5 metros), são marcados duas vezes nove espaços, com cordas ou bambolês. Em cada metade do campo de jogo (por exemplo, em uma quadra de voleibol), duas equipes jogam na constelação de 3 x 3. Em um dos espaços se joga com bola de handebol, em outro com bola de basquetebol. O objetivo da equipe em ataque é realizar uma quantidade de passes pré-fixada de comum acordo (por exemplo, 5-7 passes) sem que o adversário intercepte a bola. Caso o ataque consiga seu objetivo (5 passes), o jogador em posse de bola pode (sem a oposição do adversário) colocar a bola em um dos seus espaços do jogo da velha (os 9 espaços delimitados no meio do campo). Em uma metade do campo jogam o grupo "A" contra o "C", na outra jogam o grupo "B" contra o "D", e os grupos "A" e "B" pertencem à mesma equipe. Portanto, "C" e "D" são a equipe adversária. Cada grupo tem um local para realizar o jogo da velha. Em cada campo uma equipe começa em posse da bola. Durante o trajeto do jogador para depositar a bola, uma outra é colocada em jogo, o que significa que essa equipe inicia nova contagem em inferioridade numérica até o colega retornar. Caso não conseguir completar os três em linha, a equipe que colocar 5 bolas ganha (são nove espaços).

Atividade

- No início do jogo, a posse de bola fica com a equipe que está em superioridade numérica (a qual inicia em ataque).

Observação

- O número de jogadores pode ser aumentado em um ou dois jogadores (III).

Variações do jogo

Conjunto de grupos de tarefas e de jogos com situações táticas

- A distância até o jogo da velha pode ser aumentada ou diminuída (III).
- O número de passes a ser feito entre os colegas para ter direito a colocar a bola pode ser aumentado ou diminuído, conforme a qualidade do grupo, os objetivos do trabalho etc. (III).
- Joga-se com as regras do jogo da velha em mais de um campo, simultaneamente.

Jogo 2 – Jogando em trio
Oferecer-se e orientar-se

Situações de jogo

Atividade

O jogador A fica na posição de lance livre ou na linha de três pontos. Os jogadores B e C, um de cada lado, ficam junto ao garrafão. Então C lança a bola para A, que passa para B. No momento em que A executar o passe para B, o jogador C deve correr para o meio, receber o passe de B e arremessar a bola.

Observações

- As posições de C e B podem variar.
- Depois de cinco tentativas, trocam-se as funções em sentido horário.

Variações do jogo

- B executa um passe quicado (I).
- A pode passar de volta para C, a fim de evitar um movimento já automatizado de C (II).
- Somente quando A executar um passe quicado para B que o jogador C pode correr para o meio. Fora isso, C deve manter sua posição e B deve passar de volta para A (II).

Jogo 3 – Corrida com os panos
Oferecer-se e orientar-se

II-III

Situações de jogo

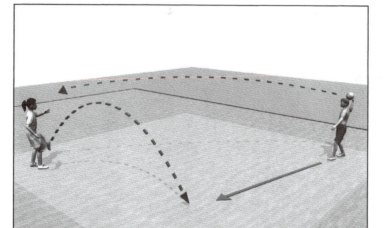

Atividade

Os praticantes formam pares. Um jogador possui uma bola e o outro um pano ou uma camiseta. Os dois devem manter certa distância um do outro. Um jogador deve fazer um passe retilíneo e preciso com a bola e o outro deve jogar alto, lateralmente, o pano. As duas ações devem acontecer ao mesmo tempo. Assim que o jogador receber a bola deve correr para pegar o pano antes que caia no chão.

Observações

- Para facilitar, no início as bolas podem ser lançadas indiretamente.
- A distância entre os jogadores depende do nível técnico dos jogadores.
- Folhas de jornal também podem ser usadas no lugar do pano/camiseta.

Variações do jogo

- A bola deve ser rolada em vez de lançada (II).
- Depois de passar a bola, o jogador executa um giro e depois corre para pegar o pano (III).
- Depois de passar a bola, o jogador senta-se no chão, levanta e tenta pegar o pano (III).

Conjunto de grupos de tarefas e de jogos com situações táticas

Jogo 4 – Quem se oferece? III
Oferecer-se e orientar-se, utilizar possibilidades de finalização

Jogos de grupo

Atividade

Em uma quadra de handebol, o jogador posiciona-se no centro, logo à frente da linha de meio-campo, de frente para o gol. Esse jogador possui um cesto com várias bolas e se responsabilizará por lançá-las. Logo atrás desse jogador, na linha do meio-campo, fica o treinador. À sua esquerda e à sua direita formam-se duas fileiras com os demais jogadores. O treinador tem a função de levantar a mão indicando quem deve partir para receber o passe do lançador. Quando ele levantar a mão direita, o primeiro jogador da fila da direita deverá correr em direção ao gol, levantar a mão para pedir o passe, receber a bola e arremessar a gol. Quando o treinador levantar ambas as mãos, os primeiros jogadores das duas fileiras devem correr para pedir o passe; aquele que for percebido primeiro pelo passador recebe o passe.

Observação

• Somente um jogador por fileira pode executar a ação determinada.

Variações do jogo

• O jogador passador recebe um passe de volta e executa o arremesso a gol. Logo após ele segue para uma das fileiras de trás e o jogador que estava junto na jogada assume o lugar de passador (III).
• O jogador passador aumenta a distância em relação ao gol, e os demais jogadores formam uma fileira, cada um tem uma bola. O primeiro da fileira deve, então, passar a bola para o jogador passador, correr para um dos lados (direita ou esquerda), receber o passe e arremessar a gol (III).

Jogo 5 – Trocando a direção II
Oferecer-se e orientar-se, posse de bola coletivamente, criar superioridade numérica coletivamente

Jogos de grupo

5

Atividade

Nos quatros cantos da quadra são colocados colchonetes, um em cada canto. Dois times são divididos, e dois jogadores de cada time sentam-se nos colchonetes, um para cada colchonete. O objetivo de cada time é trocar passes até que a bola chegue a um dos companheiros que está nos colchonetes. Para a partida, o treinador estipulará três sinais com o apito:

Um apito: jogadas somente no sentido longitudinal (comprimento) da quadra.
Dois apitos: jogadas somente perpendiculares à quadra.
Três apitos: jogadas na diagonal da quadra.

- No início, jogar somente no sentido longitudinal da quadra.
- No início, executar jogadas somente com passes, sem driblar com a bola.

Observações

- Jogar de dois a três minutos em silêncio. Os jogadores devem aprender a reagir não somente com os chamados, mas também saber ler o jogo (III).
- O passe para os jogadores que estão nos colchonetes devem ser feitos de forma indireta (II).

Variações do jogo

Conjunto de grupos de tarefas e de jogos com situações táticas

Jogo 6 – Caixotes bloqueados   III
Oferecer-se e orientar-se, manter a posse de bola coletivamente, criar superioridade numérica coletivamente

Jogos de grupo

Atividade

Nos quatro cantos da quadra são colocados caixotes, um em cada canto. Acima de cada caixote existe um cartão com uma cor. O treinador também tem cartões com as mesmas cores. Dois são divididos e têm como objetivo trocar passes até alcançar um dos caixotes (um ponto). Depois que um dos times conquistou um ponto, ele mantém a posse de bola e vai em direção a outro caixote. Se o treinador levantar um ou mais cartões, o(s) caixote(s) com a cor correspondente fica(m) bloqueado(s) para fazer o ponto.

Observações
- Usar também, no lugar de cartões coloridos, outros tipos de símbolos.
- Além de caixotes, podem ser usados colchonetes.

Variações do jogo
- Os passes devem ser feitos com as duas mãos e acompanhados de saltos (III).
- Se um time alcançar quatro pontos em sequência, ganha mais dois pontos extras (III).
- Ao sinal do treinador, a bola que estiver em jogo deve ser lançada para fora e ser substituída por outro tipo de bola (rúgbi, ginástica, tênis, futebol, handebol etc.) (III).

58 Conjunto de grupos de tarefas e de jogos com situações táticas

Jogo 7 – Montando guarda
Manter a posse de bola individualmente, criar superioridade numérica individualmente

Jogos de grupo

6

Atividade

Em um campo de jogo são colocados quatro gols de 3 m de largura, em forma de círculo, com cerca de 3 m de distância um do outro. Em cada gol fica um "guardião", que deverá defendê-lo para que nenhuma bola passe por ele. Para cada gol existe um atacante, que deve tentar, com dribles, fazer sua bola passar por entre o gol e o guardião. Os atacantes devem se movimentar em círculo. Para cada defesa dos "guardiões", ganham um ponto. Depois de três minutos trocam-se as funções. Qual time consegue mais pontos?

Observações

- Não delimitar o círculo muito grande.
- Ao defender a bola, o "guardião" deve devolvê-la imediatamente para os jogadores e, assim, reiniciar o jogo.
- Cada atacante tem somente uma tentativa de lance para cada um dos gols.
- Os atacantes devem ter uma velocidade alta para cada ataque.

Variações do jogo

- Diminuir o tamanho dos gols (III).
- Os atacantes devem driblar com diferentes velocidades (III).
- Ao sinal do treinador, os atacantes devem mudar a direção (II).

Conjunto de grupos de tarefas e de jogos com situações táticas

Jogo 8 – Protegendo a bola
Manter a posse de bola individualmente, criar superioridade numérica individualmente

II

Jogos de grupo

7

Atividade

Formam-se dois times com quatro jogadores cada um deles. No time A, cada jogador tem a posse de bola e tem a tarefa de transportá-la até o outro lado da quadra utilizando a técnica do drible. O time B, por sua vez, deve partir do meio-campo e impedir a ação dos jogadores de A. Os jogadores do time B precisam apenas tocar na bola. Caso o time A alcance seu objetivo com sucesso, é contado um ponto. Após cinco tentativas, trocam-se as funções. Qual time tem mais pontos?

Observações

- Os jogadores do time B podem agir em qualquer jogador do time A.
- Os jogadores do time A devem saber que podem proteger a bola com o seu corpo.

Variações do jogo

- Aumentar o número de jogadores por time (II).
- Colocar um dos times com número maior de jogadores (I ou III).

Jogo 9 – Quem será o atacante? II
Manter a posse de bola individualmente, utilizar possibilidades de finalização, criar superioridade numérica individualmente

Jogos de grupo

8

Atividade

Em uma área de jogo demarcada, dois jogadores se enfrentam. Cada jogador posiciona-se de um lado do campo, e o jogador que estiver com a posse de bola é o atacante. Atrás de cada jogador existem diferentes alvos para serem acertados, por exemplo: atrás do jogador A uma cesta de basquete, e atrás de B, cones. Ao sinal do treinador, o jogador atacante deve conduzir a bola, driblando, até atingir o seu objetivo e, obviamente, o outro jogador deve tentar evitar essa ação.

Observações para organização do jogo e das regras

- Variar o tamanho do campo de jogo conforme o nível técnico dos praticantes (I-III).
- Para facilitar a ação do atacante, o jogador defensor deve atuar com as mãos atrás das costas ou somente com a mão não dominante (I).

Variação do jogo

- Quando os jogadores estiverem no meio-campo, o treinador deve apitar, a bola deve ser colocada no chão, os jogadores deitam-se em decúbito ventral e disputam pela bola deitados. O vencedor deve ligeiramente escolher um dos lados para atacar e correr para seu objetivo, já o defensor deve correr atrás para impedir o êxito do atacante (II).

Conjunto de grupos de tarefas e de jogos com situações táticas   61

Jogo 10 – Jogo dos passes   II
Manter a posse de bola individualmente, criar superioridade numérica coletivamente, oferecer-se e orientar-se

Jogos de grupo

Atividade

Formar dois times com cinco jogadores cada. O objetivo de cada time é trocar passes sem que o adversário consiga tocar na bola. Para cada passe certo, sem que ele seja de retorno para alguém que tenha acabado de passar, conta-se um ponto. O time que está sem a posse de bola deve evitar a troca de passes da equipe adversária, tentando pegar ou encostar na bola. Qual o time que tem mais pontos após dez minutos de jogo?

Observações para organização do jogo e das regras

- O jogador não pode correr de posse da bola.
- Avisar sobre possíveis fintas de corpo.
- Contato entre jogadores é permitido só para braços e tronco.

Variações do jogo

- Variar o número de jogadores por time (I a III).
- Considera-se certa a interceptação dos passes pelo time adversário somente quando pegarem a bola (II).
- Considera-se certa a interceptação dos passes pelo time adversário somente quando pegar a bola ou quando o jogador que possui a bola for tocado (III).
- Considera-se certa a interceptação dos passes pelo time adversário somente quando pegar a bola ou quando o jogador que estiver recebendo a bola for tocado (III).

Jogo 11 – Defesa surpresa
Manter a posse de bola individualmente, criar superioridade numérica individualmente, utilizar possibilidades de finalização

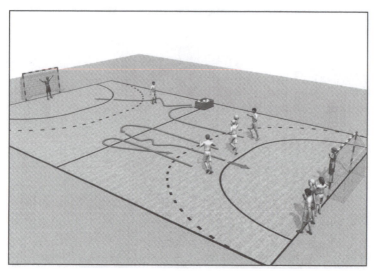

Jogos de grupo

10

Atividade

Em um dos lados de uma quadra de handebol posiciona-se um defensor fixo. Os demais jogadores dividem-se em trios e posicionam-se do lado oposto. Ao sinal do treinador, o primeiro trio sai da linha de fundo trocando passes até o meio de campo, e um dos jogadores coloca a bola no chão. Os outros dois devem disputar pela bola, o ganhador vira atacante e o outro, defensor. Então, este atacante deve tentar, em seu gol de origem, atacar, e o outro, logicamente, defender. O terceiro jogador, que no início da jogada tinha deixado a bola no meio de campo, deve correr para a caixa das bolas, pegar uma e correr para o outro lado do campo, onde está o defensor fixo, e tentar arremessar a gol.

Observações

- No início os defensores devem se preocupar somente em "cercar" o atacante (II).
- O treinador deve, por meio de um sinal com as mãos, apontar as funções dos jogadores quando eles alcançarem o meio-campo (II).

Variações do jogo

- A bola deve ser sempre passada diretamente na mão do companheiro e quicada com a mão não dominante (III).
- O trio sai da linha de fundo trocando longos passes, e quando alcançar a linha do meio-campo, um jogador deve colocar a bola no chão e virar defensor; os outros dois, atacantes. O defensor deve fazer de tudo para que os atacantes não façam o gol (II).

Conjunto de grupos de tarefas e de jogos com situações táticas   63

Jogo 12 – Ataque contra defesa II
Manter a posse de bola coletivamente, criar superioridade numérica coletivamente

Jogos de grupo

Atividade

Em uma quadra de basquete, dois times (A e B) se enfrentam, o time A com quatro jogadores-atacantes e o time B com dois jogadores-defensores. O objetivo do time A é sair do seu lado de campo transportando a bola até chegar ao "garrafão" adversário. O objetivo do time B é impedir a ação de A. Para transportar a bola, os jogadores devem utilizar dos fundamentos drible e passe. O jogo começa com a posse de bola do time A. Assim que um jogador do time A alcançar o garrafão, ele não pode ser mais atacado e deve arremessar a bola na cesta. Após cinco tentativas, troca-se a composição dos times.

Observações

- É permitido o passe de volta para o jogador que recém passou a bola.
- Os jogadores devem somente correr para frente, em apenas um sentido.
- Os jogadores do time A devem variar suas posições e a velocidade de suas ações.

Variações do jogo

- Caso o time B ganhe a posse de bola, ele tem a possibilidade de atacar o time A (II).
- Jogo somente com passes (III).
- Utilizar três ou quatro jogadores para defender (III).
- O passe de volta para o passador mais recente é proibido (III).

Jogo 13 – Bola vazia
Manter a posse de bola coletivamente, utilizar possibilidades de finalização, criar superioridade numérica coletivamente

Atividade

Em uma quadra, dois times com o mesmo número de jogadores se enfrentam. Atrás das linhas de fundo de cada lado do campo, colocam-se três caixotes com dois cones em cima de cada um. O primeiro caixote fica a 5 m da linha de fundo; o segundo, a 6 m; e o terceiro, a 8 m. No jogo é utilizada uma bola de handebol vazia. O objetivo de cada time é acertar os cones do time adversário, para os cones mais perto, conta-se um ponto; para os cones intermediários, dois pontos; e para os cones mais distantes, conta-se três pontos. O jogo é feito sob as regras do handebol.

Observação

- A bola vazia coíbe o quique e os dribles, exigindo dos jogadores atenção e estimulando sua percepção, além de desenvolver a força para jogadas a distância e o movimento específico de passe e arremesso.

Variações do jog

- Os praticantes devem acrescentar saltos nas finalizações (III).
- As finalizações devem ser feitas em três diferentes tipos de alvos, alternadamente (III).

Conjunto de grupos de tarefas e de jogos com situações táticas 65

Jogo 14 – Três bolas, três alvos   II
Manter a posse de bola coletivamente, utilizar possibilidades de finalização

Jogos de grupo

12

Atividade

Uma quadra é divida ao meio no sentido do comprimento. Dividem-se também os integrantes das equipes em trios. Para cada trio, o jogador da direita fica com uma bola de basquete, o jogador da esquerda com uma bola de handebol e o jogador do meio não possui bola alguma. A tarefa de cada trio é atravessar a quadra trocando passes entre si. Os jogadores das pontas, alternadamente, devem trocar passes com o jogador do meio. Chegando do outro lado da quadra, o jogador de posse da bola de basquete deve arremessar a bola na cesta, o jogador com a bola de handebol deve arremessá-la no gol e o jogador do meio deve pegar uma bola de tênis, que fica num cesto ao lado da quadra, e tenta acertar cones que estão do lado do gol. Para cada nova rodada, mudam-se as funções. O trio deve partir somente ao sinal do treinador.

Observação

- Adaptar os alvos conforme os materiais disponíveis e as condições do ginásio.

Variações do jogo

- O jogador do meio deve passar a bola com a mão correspondente ao lado do colega, por exemplo: com a mão esquerda para o colega da esquerda e com a direita para o colega da direita (III).
- Utilizar uma bola de vôlei no lugar da bola de tênis, mudando também o alvo a ser atingido (III).

Jogo 15 – Passar sempre para o jogador do meio   II
Manter a posse de bola coletivamente, utilizar possibilidades de finalização

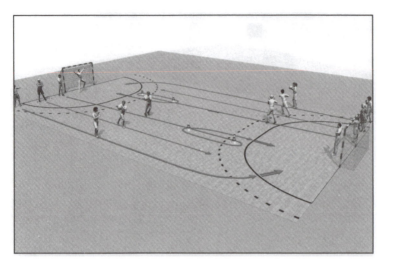

Jogos de grupo

13

Atividade

Uma quadra é divida ao meio no sentido do comprimento. Dividem-se também os jogadores em trios. Para cada trio, somente os jogadores das pontas possuem bolas de handebol. A tarefa de cada trio é atravessar a quadra trocando passes entre si. Os jogadores das pontas, alternadamente, devem trocar passes com o jogador do meio. Chegando ao outro lado da quadra, o jogador da direita deve, durante a última corrida, arremessar a bola. O jogador da esquerda deve ainda contornar dois cones e, depois, arremessar a bola. O exercício deve acontecer nos dois lados da quadra ao mesmo tempo, e, no final de cada rodada, os trios devem trocar o lado da quadra e suas funções.

- Determinar a distância entre os jogadores conforme seu nível técnico.

Observação

- Os jogadores das pontas devem executar passes direto para o jogador do meio que, por sua vez, executa passes de forma "quicada" (a bola batendo no chão) de volta (II).

Variação do jogo

Conjunto de grupos de tarefas e de jogos com situações táticas   67

Jogo 16 – Passes em sequência   II
Manter a posse de bola coletivamente, criar superioridade numérica coletivamente

Jogos de grupo

14

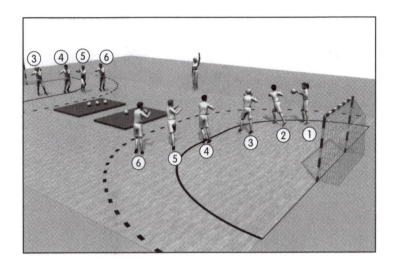

Atividade

Uma quadra é divida ao meio. Dividem-se também dois times, com o mesmo número de jogadores para cada lado. Para cada time, cada jogador recebe um número, formando uma sequência de, por exemplo, 1 a 7. No meio da quadra são colocados dois colchonetes, um para cada time. O objetivo de cada time é transportar as bolas, que estão atrás da linha de fundo de cada lado da quadra, passando-as pela sequência certa, até que elas cheguem no meio da quadra e sejam colocadas em cima do colchonete. O time que alcançar primeiro esse objetivo ganha um ponto. Cada rodada começa com um sinal do treinador. Qual time, após dez rodadas, alcança mais pontos?

Observações

- Para cada rodada, alternar diferentes tipos de bola: de vôlei, futebol, rúgbi etc.
- O treinador deve alternar sinais sonoros e visuais.

Variações do jogo

- Antes de o último jogador colocar a bola em cima do colchonete, o jogador deve executar uma volta neste (II).
- Os passes devem ser "quicados-indiretos" (II).
- Os passes devem ser feitos com a mão não dominante (III).
- O último jogador deve se "jogar" no colchonete com a bola para cada vez que for colocá-la no colchonete (II).

Jogo 17 – Quatro jogadores com curinga   III
Manter a posse de bola coletivamente, criar superioridade numérica coletivamente, reconhecer espaços

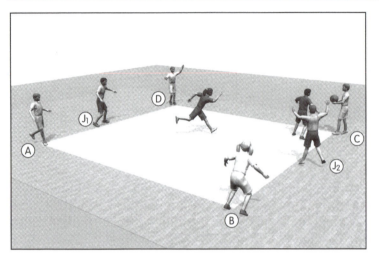

Jogos de grupo

15

Atividade

Quatro jogadores (A, B, C, D) do time A posicionam-se em cada ponta de um quadrado (10 m × 10 m) e precisam manter suas posições. Dois jogadores curinga (J1 e J2) posicionam-se em dois diferentes lados do quadrado. Dentro do quadrado ficam mais dois jogadores defensores. O objetivo do time A é trocar o maior número de passes possível sem que os defensores toquem na bola. A e D podem utilizar o jogador J1, assim como os jogadores B e C podem utilizar o jogador J2. Os passes para os "curingas" não contam pontos. A sequência de passes pode ser quebrada quando a bola for pega pelos defensores ou quando um dos jogadores que estiver com a bola for pego também. Depois de cinco tentativas, mudam-se as funções. Qual time consegue o maior número de pontos?

Observações

- Passes altos são permitidos.
- O jogador defensor precisa somente tocar na bola durante o passe dos jogadores do time A.
- Procurar alternar diferentes tipos de passes.

Variações do jogo

- Quando o jogador defensor tocar na bola durante um passe de um jogador do time A, ele deve trocar imediatamente de função com o jogador correspondente (III).
- Passes altos não são permitidos (III).
- Colocar três jogadores defensores (III).

Conjunto de grupos de tarefas e de jogos com situações táticas — 69

Jogo 18 – Jogo por setores (Greco, 2003)   II
Criar superioridade numérica individualmente, oferecer-se e orientar-se, reconhecer espaços

Jogos de grupo

16

Atividade — O campo de jogo de voleibol será dividido em três setores do mesmo tamanho (tirando a rede, ficam três retângulos iguais). Em cada setor jogam dois jogadores de cada equipe (2x2). Em ambas as linhas de fundo são marcados os objetivos (cesta de basquete, gols etc.). O objetivo da equipe em posse de bola consiste em marcar uma certa quantidade de pontos (por exemplo, 4 gols), e cada jogador não pode abandonar seu setor. A bola deve percorrer do setor de defesa, em direção ao passe (aqueles que estão no meio), para o ataque, evitando a ação do adversário.

Observações
- A cada intervalo de tempo pré-fixado (3 minutos, por exemplo) são trocadas as posições (defesa-passe-ataque).
- Não se pode driblar (quicar a bola).
- No caso de se jogar fazendo gols, podem ser escolhidos goleiros para cada time. Os gols são colocados no fundo da quadra.

Variações do jogo
- Em cada lado do campo existe um "curinga" que pode passar e receber com os colegas do setor, mas não pode passar a bola para outro setor (aumenta a exigência nos parâmetros e sair da marcação, oferecer-se e orientar-se) (I).
- Pontos podem ser convertidos quando a bola é deixada no chão (apoiada) atrás da linha de fundo (I).
- Pode-se jogar com duas bolas, ou seja, acrescentar uma bola no jogo (II).
- O número de jogadores pode ser aumentado ou diminuído em um jogador (II).

Jogo 19 – Jogo dos quatro gols (Greco, 2003)

Criar superioridade numérica individualmente, oferecer-se e orientar-se, utilizar possibilidades de finalização

Jogos de grupo

17

Atividade

Duas equipes, cada uma com quatro jogadores, jogam entre si, em um campo delimitado previamente. Os jogadores da equipe A defendem dois gols, marcados com dois cones para cada um em sua linha de fundo no campo defensivo, e procuram fazer o gol nos dois alvos do adversário no outro lado do campo. O objetivo é fazer gols, passando a bola para um colega que a recebe do outro lado dos gols. O jogador pode correr com a bola nas mãos o espaço que desejar, mas se outro jogador encostar nele com a palma da mão, ele deverá entregar a bola. A equipe que faz mais gols (ou um determinado número de gols) ganha.

Observações

- Observar que o jogo ocorra sem contato; fica proibido agarrar, empurrar etc.
- Permitir o *dribling*.

Variações do jogo

- As equipes podem fazer gols em qualquer gol (mas só um gol em cada um por vez) (I).
- Nas linhas laterais, são posicionados jogadores auxiliares/ajudantes (curingas) para cada equipe ou auxiliando qualquer equipe (neste caso, o curinga deve devolver a bola a um jogador da equipe que a passou para ele) (I).
- Os curingas podem ser posicionados dentro do campo de jogo em um espaço delimitado no qual eles não possam sair e os colegas não possam entrar (I).
- Os pontos só podem ser convertidos pelo jogador que ultrapassar a linha do gol quicando a bola (II).
- Os pontos podem ser convertidos somente com passe e devolução entre dois jogadores no setor do gol (II).
- As equipes podem fazer gols e defender somente nos gols nas diagonais (II) (III).

Conjunto de grupos de tarefas e de jogos com situações táticas

Jogo 20 – Somente quem não foi atingido   III
Criar superioridade numérica individualmente

Situações de jogo

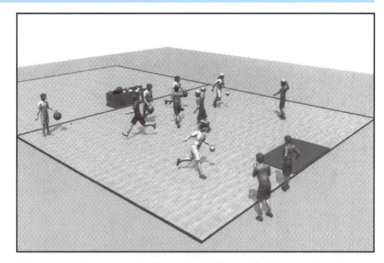

Atividade

O jogo acontece em uma das metades da quadra. De um lado, há um cesto com diferentes tipos de bolas; do outro, um grande colchonete no chão. Dois times se enfrentam, e no time A, de defensores, cada jogador possui duas bolinhas de papel. Quatro dos jogadores do time A ficam dentro da quadra de jogo, e outros dois ficam fora. Já o time B fica todo dentro da quadra de jogo, junto ao cesto das bolas. O time B está em maioria de jogadores e tem o desafio de transportar as bolas que estão no cesto para o colchonete, que fica do lado contrário da quadra. Cada jogador pode pegar somente uma bola de cada vez e levá-la para o outro lado; para isso, o jogador deve conduzi-la quicando contra o solo. A tarefa dos jogadores do time A é acertar os adversários com as bolas de papel, impedindo que consigam levá-las até o colchonete. O jogador do time B que for atingido deve retornar ao ponto de partida para, então, tentar novamente transportá-la. Caso o jogador tenha êxito na sua tarefa, deve voltar, pegar outra bola e tentar novamente atravessar a quadra. Depois que todas as bolas forem carregadas, troca-se a função dos times. Qual time consegue, no menor tempo, carregar todas as bolas?

Observações
- No início, dividir os times em seis contra três jogadores (II).
- No lugar de bolas de papel, podem ser usadas bolas de espuma.

Variação do jogo
- Os jogadores do time B devem conduzir a bola com a mão não dominante (III).

Jogo 21 – Jogando de costas
Criar superioridade numérica individualmente

II

Situações de jogo

19

Atividade

Em um campo de jogo com dimensões 5 m × 20 m enfrentam-se dois jogadores, A e B. O jogador atacante A deve atravessar, de costas, o campo de jogo. Para isso, ele deve conduzir a bola driblando. O jogador B deve marcar seu adversário e tomar a bola dele. Caso o jogador B apenas toque na bola, a rodada continua valendo. Para cada êxito do jogador A, ele ganha um ponto. Após cada rodada, trocam-se as funções. Qual jogador soma mais pontos após dez rodadas?

Observações

- O único contato corporal de B em A consiste em colocar suas mãos no quadril de A.
- O fato de B encostar a mão na bola não finaliza o jogo. É preciso roubar a bola, retomando sua posse.
- A pode também deslocar-se lateralmente.
- Fintas de corpo e proteção da bola com o corpo são válidas.
- Determinar regras para passadas, ou seja, quantos passos o jogador pode dar retendo a bola ou driblando.

Variações do jogo

- Um único toque na bola feito por B termina o jogo, ou seja, provoca a troca de funções (III).
- A deve somente jogar com a mão **não** dominante (III).

Conjunto de grupos de tarefas e de jogos com situações táticas

Jogo 22 – Completando os times II
Criar superioridade numérica coletivamente

Situações de jogo

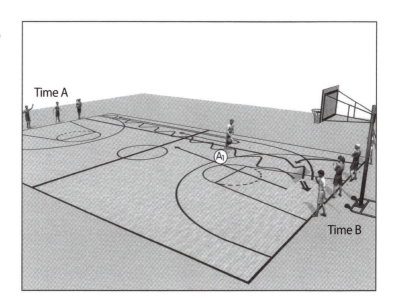

Atividade

Em uma quadra de basquete, dois times, A e B, enfrentam-se. Os jogadores de cada time recebem um número. Cada time fica de um lado da quadra exatamente na linha de fundo. O jogador A1 começa o jogo, atravessa a quadra quicando a bola, arremessa na cesta, pega a bola e volta para o seu lado da quadra. Então, o jogador A2 se junta a ele e os dois atravessam a quadra trocando passes. Ao mesmo tempo, o jogador B1 entra em quadra e age como defensor. Após a cesta da dupla, eles devem voltar e formar um trio com o jogador A3. Junto a B1, entra em quadra B2. O trio deve, então, jogar contra a dupla do time B. E assim por diante, até alcançar um jogo de cinco contra cinco. Depois de uma rodada completa, troca-se a função dos times. Qual time acerta mais cestas?

Observação
- Após cada arremesso, mesmo sem êxito, começa uma nova rodada.

Variação do jogo
- Caso aquela formação de atacantes acerte uma cesta, pode executar novamente um ataque (II).

Jogo 23 – Rápido até o alvo
Criar superioridade numérica coletivamente

II

Situações de jogo

Atividade

Dois times, com oito jogadores cada, enfrentam-se em uma quadra. No meio dela, delimita-se uma área não muito grande, que por sua vez é divida ao meio. Em cada metade desta área encontram-se quatro jogadores, dois de cada time. Nas outras duas áreas maiores, para a direita e para a esquerda, também se encontram mais quatro jogadores, dois de cada time. Os jogadores não podem deixar suas áreas. Em cada linha de fundo da quadra, colocam-se alvos para serem atingidos. O objetivo de cada time é passar a bola o mais rápido possível para o ataque para, assim, executar uma finalização no alvo, que pode ser um gol ou uma cesta de basquete.

Observações

- Utilizar duas bolas no jogo.
- Depois de cada ponto, o jogo recomeça com os defensores que levaram a cesta ou o gol.
- Entre os jogadores do mesmo time, que estão na área central, não é permitido passes.
- Quem está de posse da bola pode conduzi-la driblando.
- Caso o jogo seja feito com gols, pode-se acrescentar goleiros.

Variações do jogo

- A área central deve ser dividida em mais áreas (II).
- Os jogadores do mesmo time podem trocar passes na área central (II).
- Utilizar três bolas no jogo (III).

Conjunto de grupos de tarefas e de jogos com situações táticas 75

Jogo 24 – Cinco contra dois
Criar superioridade numérica coletivamente

Situações de jogo

Atividade

Em forma de círculo são colocados cinco arcos (bambolês), e um jogador do time A fica dentro de cada um. No meio do círculo existem dois jogadores defensores. O time A deve trocar o maior número de passes possíveis, sem que os defensores peguem a bola ou encostem o pé no arco do jogador que está passando. Após cinco tentativas, deve-se formar um novo time. Qual formação de time consegue o maior número de passes?

Observações

• Passes altos são permitidos.
• Para terminar uma rodada de passes, basta o defensor tocar na bola durante um passe.
• Fintas e passes quicados-indiretos são permitidos.

Variações do jogo

• Caso o defensor pegue a bola, deve trocar diretamente de função com o jogador que executou o passe (I).
• Passes altos não são permitidos (II).
• Colocar três jogadores defensores (III).
• Variar o tamanho do círculo (I a III).

Jogo 25 – Arremesso de longa distância
Criar superioridade numérica coletivamente, utilizar possibilidades de finalização

Jogos de grupo

Atividade

Dois times com cinco jogadores enfrentam-se em uma quadra divida ao meio. Em cada metade da quadra encontram-se quatro jogadores de um time e um jogador do time adversário. O objetivo de cada quarteto é trocar passes até chegar ao meio da quadra e dali mesmo executar um arremesso ao alvo. O quinto jogador de cada time, que está no campo adversário, deve tentar impedir essa ação, roubando a bola e passando para os jogadores do seu time. Qual time, em dez minutos de jogo, consegue acertar mais vezes no alvo?

Observações

- A bola deve ser arremessada ainda antes da linha do meio-campo.
- Quando um jogador executa um bloqueio na bola e ela vai para fora, o time adversário ganha um lateral.
- O gol é da extensão da quadra.
- O jogador não pode andar com a bola.

Variações do jogo

- Diminuir o tamanho dos gols (III).
- Aumentar o número de jogadores defensores no campo adversário (III).
- Diminuir o número de jogadores do próprio campo (III).

Conjunto de grupos de tarefas e de jogos com situações táticas

Jogo 26 – Handebol com dados II-III
Criar superioridade numérica coletivamente, manter a posse de bola coletivamente

Jogos de grupo

Atividade

Em uma quadra de handebol, dois times se enfrentam. O time A começa atacando; e o time B, defendendo. Os goleiros de cada time têm dados. O goleiro do time A, então, lança o dado e o número que aparecer corresponde ao número de jogadores que irão atacar. O goleiro do time B joga também seu dado e o número que cair corresponde ao número de jogadores defensores. Após o ataque do time A, mesmo sem êxito, os jogadores voltam às suas posições de expectativa. Então, o goleiro do time B joga seu dado e o número que aparecer corresponde ao número de atacantes, e o goleiro do time A faz o mesmo para determinar o número de defensores. E assim se alterna sucessivamente. Qual time faz um número maior de gols em um determinado número de rodadas?

Observações

- Jogadas faltosas são punidas com mais uma chance de ataque para o adversário.
- Para este jogo, é possível todos os tipos de formações dos times, por exemplo: 2×3, 3×2, 5×1, 6×3 etc.

Variações do jogo

- Este tipo de jogo pode ser adaptado para o basquete (II-III).
- Uma combinação de basquete e handebol também é possível, alternando os lados da quadra a cada oito ataques (II-III).

Jogo 27 – Arremesso a dois gols III
Criar superioridade numérica coletivamente, manter a posse de bola coletivamente, utilizar possibilidades de finalização

Jogos de grupo

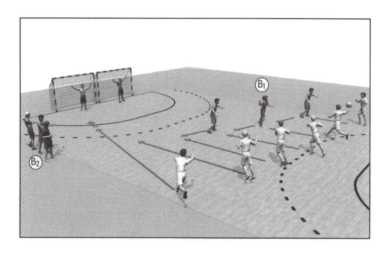

Atividade

Dois gols são colocados lado a lado, e em cada um fica um goleiro. O time A, em vantagem numérica (6 x 3), faz o primeiro ataque contra o time B1, podendo escolher em qual dos gols irá atacar. Após um ataque com sucesso, entra o time B2 com mais três jogadores, e A deve tentar mais um ataque, agora 6 x 6, no outro gol. Depois desta tentativa, mesmo sem êxito, o time A volta à posição inicial e se prepara para um novo ataque. Desta vez o time B2 começa em quadra. Depois de seis rodadas, deve-se trocar as funções dos times. Qual time faz um número maior de gols?

Observação

• O jogo começa somente com um goleiro.

Variação do jogo

• O time que está atacando deve entregar ao treinador antes do jogo uma anotação dizendo qual jogador irá finalizar e em qual rodada. Assim, todos os jogadores têm a oportunidade de arremessar a gol. As finalizações para os jogos com o mesmo número de jogadores não são contadas (III).

Conjunto de grupos de tarefas e de jogos com situações táticas 79

Jogo 28 – Chuva de cores II
Reconhecer espaços

Situações de jogo

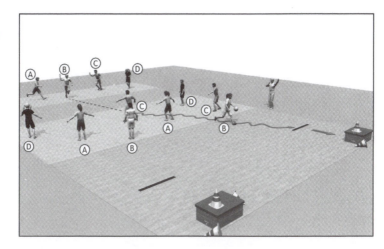

Atividade

Em uma quadra, movimentam-se livremente quatro a cinco times com três jogadores cada. Os times diferenciam-se por cores, cada time com uma camiseta de cor diferente. Ao sinal do treinador, gritando o nome de uma cor, os jogadores param. O treinador passa a bola para um dos jogadores do time correspondente e este jogador procura um espaço para passar a bola para um companheiro de time. Todos os jogadores devem ficar constantemente parados. Os adversários podem tentar interceptar o passe. O jogador que recebe o passe deve correr, quicando a bola até uma linha de arremesso e finalizar no alvo. Após isso, ele devolve a bola para o treinador e os jogadores voltam a se movimentar livremente. Qual time atinge um maior número de pontos em dez minutos?

Observações

- No início, facilitar o jogo colocando apenas duas cores de times, assim haverá mais possibilidades de passes.
- O alvo pode ser estático ou dinâmico.
- Colocar um gol com um goleiro para ser o alvo.
- O treinador deve cuidar para que todos os jogadores tenham oportunidade de finalizar.

Variações do jogo

- Os passes devem ser feitos com a mão não dominante (III).
- Dois times, cada um com uma bola e diferentes cores, trocam passes entre seus jogadores, então o treinador chama duas cores, a primeira para o time A e a segunda corresponde ao time B (III).

Jogo 29 – Passando pela defesa
Reconhecer espaços

Situações de jogo

25

Atividade

Em uma quadra de handebol, postam-se três jogadores defensores frente à área do goleiro, com uma distância de 2 m um do outro. O jogador atacante A2 posiciona-se logo atrás dos defensores e espera o passe de A1. Assim, o jogador A1 sai com a bola do meio da quadra e espera a defesa se posicionar por meio de um sinal do treinador, mostrando de que lado os jogadores da defesa devem fechar, e executa o passe para A2 no espaço que encontrar na barreira. A2 recebe a bola e deve arremessá-la em arcos que são pendurados no gol. A1 vai para o lugar de A2, que por sua vez vai para o final da fila, esperando a sua vez de ser o passador.

Observações

- No início, facilitar o jogo, indicando antecipadamente o lado em que os defensores devem fechar a barreira, assim ajudando na evolução do jogo.
- Os arcos podem ser pendurados em diferentes alturas.

Variações do jogo

- As jogadas são sinalizadas com a mão taticamente correta, isto é, ao sinalizar a jogada com a mão esquerda, a jogada ocorre pela esquerda e ao sinalizar com a mão direita, pela direita (III).
- Dois atacantes trocam passes e, ao sinal do treinador, os defensores se organizam e um dos atacantes executa o passe (III).
- Sem mais a posição A2, o atacante agora tem que tentar penetrar sozinho na defesa, driblando a bola, e arremessar nos alvos (III).

Conjunto de grupos de tarefas e de jogos com situações táticas

Jogo 30 – Abrindo a barreira II
Reconhecer espaços

Situações de jogo

26

Atividade

O time A de jogadores defensores fica logo à frente da área do goleiro. Os jogadores formam uma fileira, um do lado do outro, de mãos dadas. O time B fica no meio da quadra. Um jogador do time B, então, movimenta-se livremente logo à frente do time A e outro jogador fica atrás da fileira preparado para fazer um passe. O treinador indica os jogadores do time A que precisam soltar as mãos, dando a oportunidade ao jogador do time B de reconhecer o espaço e atravessar. Fazendo isso, o jogador recebe o passe de seu colega e finaliza no alvo predeterminado. O jogador que finalizou pega a bola de volta e se prepara para passá-la. Quem executou o passe vai para o seu grupo e espera sua vez para finalizar. Após oito rodadas, trocam-se as funções dos times. Qual time acerta um maior número de alvos?

Observação

• Primeiro, deve-se abrir somente uma barreira, deixando todos passarem, um atrás do outro.

Variações do jogo

• Os jogadores devem passar pela barreira quicando a bola (II).
• Colocar um segundo time (C) como barreira a cerca de 5 m do time A. Os jogadores do time B devem passar pelo time C e depois pelo time A, quicando a bola, e, após isso, finalizar no alvo (II).
• O time A pode, agora, movimentar-se para a direita ou para a esquerda e enganar o jogador atacante (III).

Jogo 31 – Trocando passes até a cesta
Reconhecer espaços, criar superioridade numérica coletivamente

II

Jogos de grupo

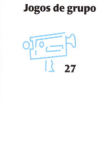

27

Atividade

O jogo acontece em uma das metades da quadra de basquete. Três jogadores do time A podem atuar somente fora da área dos três pontos, e um jogador da mesma equipe pode atuar somente dentro da zona. Os três jogadores do time B, defensores, podem atuar em todo o campo, livremente. O time A tem duas possibilidades de pontuar ou trocar passes, fazendo que a bola chegue ao jogador que está dentro da zona e que ele arremesse na cesta ou que consigam trocar dez passes em sequência, sem que o time B toque na bola. O time B deve marcar os adversários e impedir os intuitos do time A. Depois de dez tentativas, deve-se trocar as funções dos times. Qual time faz mais pontos?

Observações

• Passes altos não são permitidos.
• Avisar sobre passes quicados-indiretos.
• Os atacantes devem manter suas posições.
• O jogador que está dentro da zona deve se movimentar bastante.

Variações do jogo

• Aumentar o número de jogadores por time (I).
• A situação de maioria de jogadores é possível para ambos os times (II).
• Acrescentar um quarto defensor, que também tenta pegar a bola (III).

Conjunto de grupos de tarefas e de jogos com situações táticas   83

Jogo 32 – *Touch it*   I
Reconhecer espaços, manter a posse de bola individualmente

Jogos de grupo

28

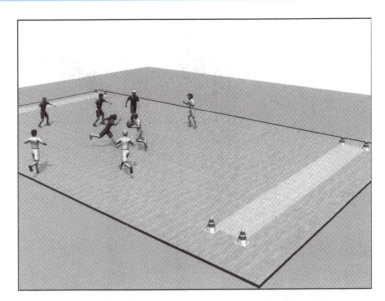

Atividade — Em uma quadra enfrentam-se dois times, cada time com quatro jogadores. Em cada lado da quadra, junto à linha de fundo, é demarcada com cones uma área retangular. O objetivo de cada time é transportar as bolas até a área que está no campo adversário. Para isso, os jogadores devem trocar passes. Quem estiver com a bola pode caminhar com ela, mas, caso seja tocado pelo adversário, perde a posse de bola e o adversário a assume. Para cada jogada com êxito é contado um ponto e a posse de bola vai para o time adversário. Qual time consegue marcar mais pontos em um determinado tempo?

Observações
- O treinador deve ficar atento se os jogadores foram ou não tocados antes de entrar na área de finalização.
- Contatos corporais demasiados devem ser coibidos.

Variações do jogo
- Aumentar para cinco jogadores para cada time (II).
- Deslocar as áreas de finalização de tal forma que os jogadores consigam alcançá-las por todos os lados (II).
- Diminuir o comprimento da área (III).
- Para impedir o ataque não basta apenas tocar no adversário, mas, sim, também na bola. Os jogadores devem ser avisados que podem proteger a bola com o corpo (III).

Jogo 33 – Passe para o campeão
Reconhecer espaços, oferecer-se e orientar-se, criar superioridade numérica coletivamente

Jogos de grupo

29

Atividade

Dois times se enfrentam dentro de um quadrado demarcado com cones no chão. Um jogador de cada time fica fora do quadrado e só pode se movimentar junto às linhas deste. Esse jogador é o "campeão" e pode se deslocar nos quatro lados do quadrado. O time deve trocar passes e, para marcar um ponto, deve passar a bola para o jogador "campeão". Feito isso com êxito, a posse de bola vai para o time adversário. Qual time marca mais pontos em cinco minutos de partida?

Observações

- Passes altos não são permitidos.
- Deve-se trocar constantemente as funções dos jogadores.
- É permitido andar com a bola.
- Orientar para passes quicados-indiretos e outras formas de passes.
- Os jogadores "campeões" não podem ocupar o mesmo lado do quadrado juntos.

Variações do jogo

- Colocar dois jogadores "campeões" para cada time (I).
- Os jogadores "campeões" adversários podem ficar juntos no mesmo lado do quadrado (III).

Conjunto de grupos de tarefas e de jogos com situações táticas   85

Jogo 34 – O que está voando?   II
Utilizar possibilidades de finalização

Situações de jogo

Atividade
Dois times disputam o jogo. Todos os jogadores ficam de frente para o gol, a cerca de 5 metros, cada jogador com uma bola. O treinador fica atrás do gol em cima de um caixote. Ele deve jogar por cima do gol balões e folhas de jornais para serem acertados. Os jogadores devem tentar acertar os alvos ainda no ar. Para cada acerto conta-se um ponto para o time correspondente. Qual time, após um determinado número de rodadas, marca mais pontos?

Observação
• O treinador pode escolher a quantidade de alvos que quer jogar.

Variações do jogo
• Os jogadores arremessam com a mão não dominante a uma distância menor (II).
• Os jogadores ficam de costas para o gol e somente ao sinal do treinador podem se virar para acertar os alvos (III).

Jogo 35 – Impedindo o arremesso
Utilizar possibilidades de finalização

III

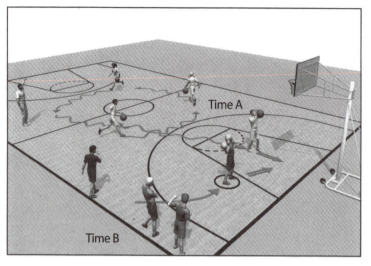

Situações de jogo

Atividade

Em uma quadra de basquete, dois times se enfrentam. Para cada time, cada jogador recebe um número. No centro da quadra fica o time A, cada jogador com uma bola de basquete. Eles devem, em forma de círculo, correr e driblar a bola. O time B fica na lateral da quadra na mesma linha da cesta de basquete, cada jogador com uma bola de handebol. Ao lado da zona do "garrafão" há um arco no chão. Então, o treinador chama um número, o jogador correspondente do time A vai até a linha de lance livre e tenta executar um arremesso. Já o jogador correspondente do time B deve correr até o arco, pular para dentro e arremessar sua bola na bola de basquete arremessada pela equipe adversária, enquanto a bola estiver no ar, impedindo que o adversário acerte a cesta. Depois de dez tentativas de arremesso, no mínimo uma para cada jogador, troca-se a função dos times.

- São dois objetivos distintos, um para cada time: o time B tenta acertar na cesta enquanto o time A se esforça para impedir tal ação.

Observação

- Ao apito do treinador troca-se o sentido da corrida em círculo do time A, sendo que o drible deve ser feito sempre com a mão que está fora do círculo (III).
- O time A fica a uma distância maior da cesta e ainda precisa passar por uma série de *slalom* antes de alcançar o arco. O *slalom* é feito driblando a bola e alternando as mãos (III).
- O arremesso à cesta deve ser feito com a mão não dominante (III).

Variações do jogo

Conjunto de grupos de tarefas e de jogos com situações táticas

Jogo 36 – Braços cruzados
Utilizar possibilidades de finalização

Situações de jogo

Atividade
A e B enfrentam-se junto a uma cesta de basquete. O jogador A, de posse da bola, deve tentar, driblando livremente, o arremesso para a cesta. O jogador B fica com os braços cruzados nas costas e procura somente cercar o adversário.

Observações
• Para o jogo em uma quadra de handebol, utiliza-se um goleiro e sua área.
• Não existem regras para passadas.

Variações do jogo
• B descruza os braços, mas se mantém somente cercando A (II).
• B intensifica a marcação em A (III).
• Colocar regras para passadas (III).

Jogo 37 – Alvos que se movimentam   III
Utilizar possibilidades de finalização, manter a posse de bola coletivamente

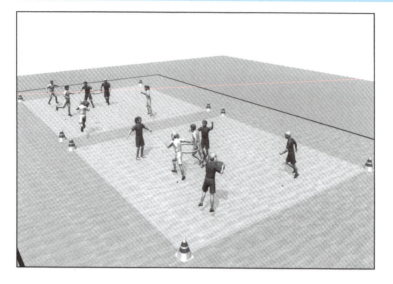

Jogos de grupo

33

Atividade

Duas áreas de jogo, dois quadrados, são demarcadas no chão, um quadrado para cada time. Dois jogadores atuam no campo adversário. Esses dois jogadores são ligados por meio de um arco (bambolê) preso por um cinto ou uma corda na altura do quadril, que representa o gol. Cada time joga com duas bolas e o objetivo é trocar passes até encontrar uma posição apropriada para arremessar a bola no bambolê. A dupla adversária deve se movimentar rapidamente dentro do quadrado, de forma a evitar que a outra equipe marque um ponto, arremessando a bola dentro do arco. Para cada arremesso no bambolê é contado um ponto. Qual time marca mais pontos?

Observações

- No início, a dupla com o bambolê pode somente caminhar.
- O treinador possui bolas extras para repô-las rapidamente e dar fluência ao jogo.

Variações do jogo

- O bambolê é colocado perpendicularmente ao corpo (III).
- Os arremessos no bambolê devem quicar uma vez no solo antes de acertá-lo (III).
- Somente um determinado jogador pode marcar ponto, depois acrescentar mais jogadores (III).
- Um terceiro jogador adversário pode ser inserido no jogo. Ele deve defender as bolas, e, para cada defesa, é tirado um ponto do time que está atacando (III).

Conjunto de grupos de tarefas e de jogos com situações táticas

Jogo 38 – Jogo dos arremessos I
Utilizar possibilidades de finalização, oferecer-se e orientar-se, criar superioridade numérica individualmente

Jogos de grupo

34

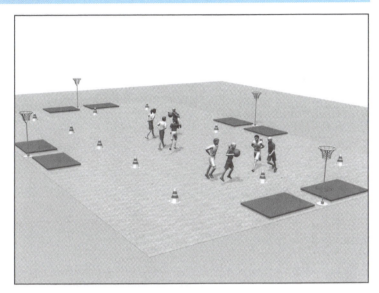

Atividade

Em um campo retangular, quatro times enfrentam-se. Cada time é composto por uma dupla, e junto a cada dupla existem dois colchonetes no chão e uma cesta-pedestal de basquete. Cada time se distribui em uma lateral do retângulo. Mais ao centro, a cerca de 2 m de distância dos alvos, delimita-se com cones um novo retângulo. Esta é a árca onde os jogadores podem atacar. Para defender, estão livres. Cada dupla possui duas bolas e deve tentar acertá-las nos alvos dos adversários. O jogador não pode caminhar com a posse da bola, precisam ser feitos passes. Qual time consegue marcar mais pontos em dez minutos?

Observações

- Caso colchonetes macios sejam usados, pode-se acrescentar "goleiros" no jogo.
- O jogador que estiver sem a bola e somente marcando deve manter os braços cruzados nas costas e ficar somente cercando o adversário.
- Utilizar diferentes tipos de bolas.

Variações do jogo

- Como alvos, são colocados três cestas e um colchonete ou alguma outra combinação desejada (I).
- Os jogadores podem utilizar as mãos para defender (II).
- Aumentar a distância dos alvos para 3 m (II).

Jogo 39 – *Hand*-basquetebol

Utilizar possibilidades de finalização, oferecer-se e orientar-se, manter a posse de bola coletivamente

Jogos de grupo

35

Atividade

Dois times enfrentam-se, um defende um gol de handebol; e outro, uma cesta de basquete. O objetivo de cada time é atacar o outro e defender seu alvo. Os jogadores podem caminhar com a posse da bola. Depois de dez minutos, troca-se os lados de campo.

Observações

- Conforme o nível técnico, colocar área de arremesso ou não.
- No gol, colocar um goleiro, que pode ser o treinador.
- Coibir contato corporal excessivo.

Variações do jogo

- Colocar, no lugar de um gol, colchonetes na parede. Passes altos são proibidos (II).
- Colocar regras para passadas (III).

Renate Schubert / Daniel Memmert

Jogos de arremesso orientados para o desenvolvimento das capacidades

Introdução

Coleção de exercícios e atividades

   Pressão de tempo

   Pressão de precisão

   Pressão de complexidade

   Pressão de organização

   Pressão de variabilidade

CAPÍTULO 4

Introdução

Os objetivos, os conteúdos e o método do processo de desenvolvimento da coordenação na proposta da Escola da Bola já foram descritos nos Capítulos 1 e 2. O foco da proposta consiste na melhora geral da coordenação direcionada aos jogos esportivos coletivos e aos esportes com bola. O pano de fundo da fórmula metodológica descrita – "habilidades simples com a bola + elementos de pressão perceptiva + elementos de pressão motora" – devem ser unidos com as exigências coordenativas típicas dos jogos esportivos coletivos, particularmente aquelas que os alunos não conseguem realizar. As habilidades que não estão estabilizadas são treinadas variando-se os elementos de recepção de informação (conteúdos perceptivos) e de pressão motora. As habilidades que não estão dominadas levam a erros dos praticantes, portanto, deve-se tentar fazer que jogadores consigam realizá-las sem dificuldades. Assim, será possível anexar outras formas de lançamentos e de habilidades (por exemplo, variações do lançamento em suspensão, no handebol), integrando estas em novos programas de treinamento da coordenação.

O treinamento e exercitação da coordenação

No Capítulo 3 foram descritas as microrregras com as quais podem ser organizadas e reguladas as exigências conforme as idades e o nível de qualidade dos alunos. Para a aproximação direcionada ao desenvolvimento da coordenação e da capacidade coordenativa, é preciso considerar com atenção as primeiras quatro microrregras (veja p. 46). Essas se relacionam com a complexidade das ações motoras, com o tamanho do campo e com o material auxiliar a ser utilizado, bem como com a organização dos alvos ou objetivos do lançamento.

Observar as microrregras descritas no Capítulo 3.

Devem ser aqui mencionados quatro aspectos muito importantes:
Primeiro, não foram desenvolvidos e apresentados exercícios específicos para o desenvolvimento da capacidade de manejo de bola. Esse elemento está compreendido também em todos os outros parâmetros, ou seja, pode-se considerar que, na exercitação dos outros parâmetros, este será também desenvolvido paralelamente em maior ou menor escala.

Quatro observações em relação à coleção de exercícios e atividades

Em segundo lugar, deve-se considerar que, por meio dos exercícios especificamente apresentados, quase todas as formas de ensino pela introdução de situações variadas podem também desenvolver diversas formas de pressão de variabilidade (veja também Kröger e Roth, 2005, p. 142-146).

Terceiro, os conteúdos foram escolhidos de tal forma que a maioria das tarefas coordenativas descritas pode ser organizadas em uma aula na forma de circuitos, de trabalhos em estações ou em locais específicos, com pequenos grupos.

Quarto, as formas de ensino e aplicação em relação às condições estruturais aqui descritas devem ser consideradas como exemplo, que deverá ser adaptado conforme as necessidades, disponibilidades (material, espaço, número de alunos) etc. Logicamente, esses aspectos devem ser equacionados conforme o nível atual de rendimento do grupo, entre outros fatores. Basicamente, é válido considerar que: na utilização do material, a fantasia do professor não tem fronteiras (veja sugestões do Quadro 4.1), e a espontaneidade e as ideias das próprias crianças podem e devem ser aproveitadas. Os exercícios devem ser ricos em conteúdos, variados, além de deverem despertar alegria nos praticantes. Estes podem ser utilizados em um programa de aquecimento ou em um momento da parte principal da aula como conteúdo, seja na escola, no clube, em escolinhas ou no treinamento.

Escolha do material: a diversidade é o triunfo!

Quadro 4.1: Ideias para a utilização do material

Materiais	Possibilidades de aplicação
Balões infláveis (por exemplo, balões de aniversário) • No ar (para serem acertados) • No chão	Objetivos móveis Objetivos fixos
Folhas de jornal • Lançadas ao ar • Coladas na parede	Objetivos móveis Acertar alvos
Garrafas de plástico (PET) • Pendurá-las no gol	Acertar alvos Pontaria
Formas de cartolina ou papel • Adesivos para colar nas paredes	Pontaria
Fita zebrada (da utilizada na construção) ou corda elástica • Fixá-la na parede marcando um gol • Criar diferentes figuras geométricas coladas na parede (exemplo, triângulos, quadrados etc.)	Pontaria Pontaria
Cartão • Apoiados em aparelhos • No chão • Transportados por colegas	Pontaria Objetos de motivação Alvos em movimento
Pano de chão • No chão fixo	Objetivos fixos
Copos de plástico (ou partes deles, cones) • No chão • Fixados de forma que a parte aberta fique para cima	Pontaria Pontaria tipo cesta

Coleção de exercícios e atividades

Os desenhos e as simbologias utilizados nos exercícios correspondentes aos elementos estão descritos na Figura 3.2. As apresentações seguem a amostra descrita na Figura 3.3 (comparar com Capítulo 3, que tem a mesma lógica). Nas descrições encontram-se, na parte de cima, com fundo em azul, os nomes das atividades e dos exercícios. Essa linha mostra os cinco elementos de pressão que estão sendo trabalhados no exercício e, caso seja mais de um, a sua relação em sequência de importância. A coleção abrange quatro exemplos de cada categoria principal que entrariam nesse grupo de pressões, e – comparando ao que já foi desenvolvido no Capítulo 3 –, o critério de complexidade do exercício é colocado como segundo critério de ordenamento/hierarquização.

Legenda e formas gráficas de apresentação

O decorrer da atividade será explicitado e ilustrado pelas fotos ou pela sequência de fotos, seguido de um pequeno texto para explicação. Finalmente, para complementar a atividade, apresentam-se detalhes e sugestões de organização, bem como sugestões de variações. O nível de complexidade sempre será colocado de forma destacada no final do exemplo, entre parênteses, para conhecimento do leitor.

Coleção de exercícios e atividades

ogo 1 – Pernas ligeiras
ressão de tempo

II

Atividade

Junto à linha lateral da quadra ficam dois jogadores "passadores", um de cada time, e cada um deles possui uma caixa com bolas: o jogador do time A fica com as bolas de basquete; e o jogador do time B, com as bolas de handebol. Outros dois jogadores ficam dentro da quadra. O jogador do time A fica dentro do garrafão, e o jogador do time B fica junto à linha de tiro livre de handebol. No gol fica um goleiro neutro. Cada um dos jogadores "atacantes" possui um balão. O objetivo é que o atacante jogue o balão para cima, receba um passe do companheiro, finalize no alvo correspondente e pegue de volta o balão no ar. A cada vez que o jogador conseguir pegar de volta o balão, marca-se um ponto. Qual time consegue marcar mais pontos após um determinado número de rodadas?

Observação

• Após cada rodada com êxito, trocar as funções dos jogadores do mesmo time; após um determinado número de rodadas, trocam-se as funções dos times.

ariação do jogo

• No lugar de balão, pode-se usar uma bola de espuma ou uma camiseta que identifique o time (II).

Jogo 2 – Girando o arco
Pressão de tempo

37

Em frente a uma parede, a cerca de 3 m, colocam-se caixotes de papelão para cada time. Atrás dos caixotes, marca-se uma linha para arremessos, que deve ficar a cerca de 5 m de distância. Os jogadores das equipes devem executar os arremessos atrás dessa linha. Atrás ainda dos arremessadores, ficam os jogadores com arcos. Para cada time existe um jogador com um arco; eles devem fazer o arco girar, como um "pião", e isso vai estabelecer o tempo de duração dos arremessos. Ou seja, o jogador deverá arremessar as bolas em direção ao alvo somente durante o tempo em que o arco do seu time estiver girando. O time que conseguir "empurrar" o mais próximo possível o caixote até a parede é o vencedor.

Atividade

- Uma nova rodada de arremessos pode começar somente quando todos os times estiverem preparados e com as suas bolas organizadas.
- O jogador que girar o arco pode agir atrás ou do lado dos arremessadores.

Observações

- No lugar de caixotes de papelão, pode-se usar também um arco, no qual as bolas precisam ser arremessadas. Qual time acerta mais arremessos por entre o arco? (II)
- Colocar sobre um banco cones para serem derrubados (II).

Variações do jogo

Coleção de exercícios e atividades 97

Jogo 3 – Drible rápido II
Pressão de tempo, pressão de precisão

38

Atividade	Distribuem-se cones na quadra formando uma letra "U". Dois jogadores fazem uma corrida. Cada jogador com uma bola, o jogador A começa junto ao primeiro cone; e o jogador B; junto ao terceiro. Ao sinal, os jogadores devem percorrer o *slalom* entre os cones, driblando a bola. O jogador A deve tentar alcançar o jogador B. Depois de uma rodada e uma pausa, os jogadores trocam suas funções.
Observações	• A distância entre os cones pode variar. • Utilizar diferentes tipos de bolas. • O drible da bola é feito com a mão não dominante.
Variações do jogo	• B começa do quarto cone (I). • B começa do segundo cone (III). • Usando uma viseira de sol abaixo do nariz, os jogadores tentam fazer o percurso, o que limita sua visão periférica (III).

Jogo 4 – Roubando a bola
Pressão de tempo

Atividade

Dois jogadores colocam-se à frente de um alvo (cesta ou gol). Eles ficam a cerca de 6 m de distância do alvo e a 2 m de distância um do outro, cada jogador com uma bola. Ao sinal do treinador, o jogador B deve correr em direção ao alvo e executar uma finalização. A tarefa de A é impedir que B acerte o alvo, tocando-o com a mão. Ambos devem conduzir sua bola constantemente com dribles. Trocar as funções, depois de cinco tentativas.

Observações

- Caso um goleiro seja colocado, ele deve participar da rotação das funções.
- Deve-se estabelecer uma linha, uma marca, de onde o jogador B deve arremessar.

Variações do jogo

- Aumentar a distância entre os jogadores para 4 m (I).
- Não existe regra para passadas (I).
- A não possui bola (II).
- Diminuir a distância entre os jogadores para 1 m, mas o jogador A pode tocar na bola somente durante o arremesso de B (III).

Coleção de exercícios e atividades | 99

Jogo 5 – Está fora! | I
Pressão de tempo, pressão de precisão, pressão de carga

Atividade	Vários jogadores podem participar fazendo uma fila junto à linha de lance livre de basquete, cada jogador com uma bola. Ao sinal do treinador, o primeiro jogador arremessa na cesta, e logo em seguida o segundo arremessa. Caso o primeiro não tenha acertado, e o segundo, sim, o jogador anterior está fora. E assim o jogo continua, sempre seguindo uma sequência. Quem está fora deve fazer outra tarefa mais simples, com o objetivo de voltar à atividade principal.
Observações	• Arremessar com a mão não dominante. • Utilizar diferentes tipos de bolas. • A distância para o arremesso varia conforme o nível técnico dos participantes. • Variar o local de lançamento, por exemplo: mais à esquerda, mais à direita da cesta etc. • A atividade para quem está fora é a seguinte: o jogador deve acertar bolas em um caixote; quem conseguir três vezes seguidas pode voltar para o jogo.
Variações do jogo	• A bola deve tocar na tabela antes de entrar na cesta (II). • A bola deve entrar na cesta sem tocar na tabela ou no aro (III).

Jogo 6 – Fintando os cones
Pressão de precisão

Atividade

Forma-se uma longa fileira de cones pareados. A tarefa dos jogadores é percorrer essa fileira fintando os cones. Cada jogador possui uma bola e pode fintar livremente os cones durante o percurso.

Observações

- Para cada par de cones, estabelecer uma distância de 30 cm entre eles.
- O jogador deve imaginar que os cones são adversários.
- A finta de corpo deve ser rápida e precisa.
- O jogador precisa de velocidade para executar a finta de corpo.

Variações do jogo

- Colocar diferentes obstáculos para serem fintados (II).
- Variar sempre a velocidade (II).
- Colocar os cones em diferentes direções e com diferentes distâncias um do outro (II).

Coleção de exercícios e atividades

Jogo 7 – Reconhecendo os jogadores
Pressão de precisão II

Atividade

Demarca-se dois campos de jogo, um ao lado do outro. Em um deles, ficam os jogadores com bola, que são denominados com letras. No outro, ficam os jogadores sem bola, que são enumerados. Os jogadores não devem saber previamente as denominações uns dos outros. Todos se mantêm em movimento. No momento em que o treinador chamar uma letra e um número, os jogadores correspondentes devem parar e trocar passes, enquanto os outros continuam se movimentando.

Observações

- As atividades se realizam com diferentes tipos de bolas para todos os jogadores. No momento em que o treinador chamar, os jogadores devem trocar suas bolas.
- Depois de dois a três minutos os jogadores trocam suas funções.

Variações do jogo

- Após o chamado do treinador, o jogador-letra deve ainda executar uma volta completa em seu campo depois trocar passes com seu companheiro (II).
- Depois dos jogadores chamados trocarem passes, devem trocar também suas funções, ou seja, trocam de time assumindo a identidade do outro (II).
- Os jogadores com bola devem se movimentar, driblando constantemente a bola, alternando as mãos (II).
- O passe é feito com a mão não dominante (III).

Jogo 8 – Acertando as garrafas
Pressão de precisão

Nos dois ângulos superiores do gol são penduradas garrafas plásticas. O jogador fica junto à linha de tiro livre, recebe o passe e arremessa a gol, tentando acertar nas garrafas.

• Após cada finalização, o jogador deve assumir uma nova posição para o arremesso.

• O jogador vai até a linha de tiro livre quicando a bola com a mão não dominante, segura a bola nas costas e lança-a para frente por cima da cabeça, pega a bola no ar e executa um arremesso nas garrafas (III).
• O treinador fica atrás do gol e sinaliza, um pouco antes do arremesso, onde o jogador deve acertar (III).
• Após chegar à linha de tiro livre, o jogador executa um giro de 360°, recebe a informação de onde deve acertar e finaliza (III).
• Após cada acerto nas garrafas, o jogador deve tomar mais distância para arremessar (III).
• Utilizar diferentes técnicas de arremesso (III).

Jogo 9 – Sempre girando!
Pressão de complexidade

Atividade	Três jogadores em linha, o jogador A passa a bola para B, que gira 180° e passa a bola para C. Então C passa a bola para B, que gira e passa a bola para A, e assim por diante.
Observações	• A distância entre os jogadores deve ser de 3 m. • Depois de cinco ciclos de passes, trocar as posições. • Variar as técnicas de arremesso e recepção.
Variações do jogo	• Aumentar a distância entre os jogadores (II). • Acrescentar um quarto jogador (D), que fica perpendicular, na mesma linha de B (II). • Na mesma formação anterior, com quatro jogadores, coloca-se um cone na mesma linha de B e D, mas do lado contrário do jogador D. Assim, cada vez que o jogador central receber a bola, deve contorná-lo e voltar à sua posição de origem para passar a bola (II). • O jogador central deve executar um giro de 360° antes de receber o passe (III).

Jogo 10 – BaBo (Banco e Bola)
Pressão de complexidade

 45

Atividade

Dois bancos "suecos" são colocados em linha, formando um longo banco. Os jogadores devem percorrer toda a extensão do banco saltando de um lado para o outro, apoiando as mãos sobre ele. Para cada jogador que percorrer o banco saltando, há outro acompanhando-o, e este está com uma bola e se desloca lateralmente. A cada ida e volta sobre o banco, o jogador recebe um passe e deve devolvê-lo ao jogador que o acompanha. Ao chegar à ponta do banco, o jogador corre para um local predeterminado de arremesso, recebe o passe e finaliza no alvo (um gol, caixotes, cones etc.). Para a próxima rodada, trocar as funções.

Observações

- A próxima dupla começa somente quando a outra dupla estiver na metade do percurso.
- Caso pular por cima do banco seja muito fácil para os praticantes, tentar executar a mesma tarefa de costas.

Variações do jogo

- Executar o salto sobre o banco com apenas um braço para apoio, alternando sempre entre direita e esquerda. Também é válido para saltos de costas (II).
- Variar diferentes tipos de saltos sobre o banco (II).
- Formar dois grupos, e um finaliza a gol e outra arremessa na cesta de basquete. Depois trocar as tarefas (II).

Coleção de exercícios e atividades — 105

Jogo 11 – Circuito em duplas
Pressão de complexidade

II

46

Atividade
Dois jogadores, frente a frente, trocam passes entre si. Eles devem executar os passes em movimento, deslocando-se lateralmente. Chegando à próxima estação, devem fazer o mesmo exercício, mas cada um deve se equilibrar sobre um banco sueco, e os passes são quicados. Ao final desta estação, um jogador segura a bola, enquanto o outro corre, passa por entre arcos, levanta-se e recebe o passe. Após isso, o jogador arremessa na cesta. Na próxima rodada trocam-se as funções. Outros alvos podem ser utilizados.

Observações
- O próximo par começa quando o par anterior estiver no quarto passe.
- No lugar de arcos, pode-se utilizar caixotes e colchonetes para fazer um túnel.

Variações do jogo
- Os praticantes movimentam-se de frente e trocam passes quicados (II).
- Executar giros sobre o banco e passar a bola de forma direta (III).

Jogo 12 – Circuito de velocidade
Pressão de complexidade

II-III

47

O jogador deve passar por quatro estações o mais rápido possível. Na primeira estação, ele deve quicar a bola entre as pernas, alternando sempre as mãos. Na segunda estação, ele deverá fazer embaixadinhas, e que joga a bola para o alto, rebate uma vez com o pé direito e pega de novo. Depois, joga de novo a bola para o alto e rebate com o pé esquerdo, segurando logo em seguida com as duas mãos. Na terceira estação, o jogador deve pular um arco que estará no chão. Mas deverá ter uma sequência, primeiro pula dentro do arco, depois para fora no lado direito, depois para dentro de novo e em seguida para o lado esquerdo; então, ele pula para dentro de novo e para frente. Terminando essa sequência, o jogador corre em direção ao alvo, e, durante a corrida, ele passa a bola para o treinador, recebe de volta o passe e executa a finalização no alvo (gol, cesta, cones etc.).

Atividade

- O jogador deve executar cinco ciclos completos para cada estação. O segundo jogador pode começar somente quando o primeiro já estiver na segunda estação.
- Adaptar os exercícios conforme o nível técnico dos participantes, por exemplo, na primeira estação deixar a bola simplesmente rolar por entre as pernas.

Observações

- Durante a terceira estação, enquanto o jogador pula no arco, ele deve girar a bola com as mãos ao redor da cintura (III).
- Na segunda estação, no lugar de fazer embaixadinhas, o jogador inclina o tronco para frente, coloca a bola atrás da nuca e deixa-a rolar para baixo. Rapidamente, o jogador deve pegá-la com as mãos na altura da cintura (III).

Variações do jogo

Jogo 13 – Acertando os cantos
Pressão de organização

Atividade

Colocar dois gols, um de frente para o outro, com uma distância de 6 m. Em cada gol está um jogador (A e B). Primeiramente, o jogador A começa com a função de atacar e o jogador B fica como goleiro. A deve arremessar a bola para onde B indicar com a mão (ângulo superior direito, esquerdo, canto inferior direito etc.).

Observações

- O jogador goleiro não precisa defender as bolas.
- A cada cinco lançamentos, trocar as funções.

Variações do jogo

- Aumentar a distância entre os jogadores (II).
- O goleiro mostra o mais tarde possível para onde o adversário deve arremessar (II).
- O goleiro mostra os ângulos superiores com as mãos; e os inferiores, com os pés, mas o atacante deve arremessar no canto contrário, por exemplo, ângulo superior direito, arremesso no ângulo superior esquerdo (II).

Jogo 14 – O "homem sombra"
Pressão de organização

 49

Atividade

O jogador A pode jogar livremente na quadra com uma bola. Ele dribla, finta, usa a criatividade na quadra. Enquanto isso, o jogador B deve correr atrás de A, como uma "sombra", e repetir todos os movimentos de A. O jogador B deve tentar manter uma distância de pelo menos 1 m do companheiro. Após um minuto, trocar as funções.

Observações

- Os jogadores A e B devem ser instruídos para realizarem diferentes fintas (de passe, de arremesso, de direção da atenção e de corpo).
- A bola deve estar constantemente em movimento.
- A atenção do jogador B deve estar sempre no seu companheiro, e não na bola.

Variações do jogo

- Variar o trabalho de pernas com saltos, saltos com um pé só (I).
- Variar os movimentos com a bola, por exemplo, lançar a bola para cima, rolar em volta do corpo etc. (I).
- Diminuir a distância entre os jogadores (II).
- O jogador B varia sua velocidade (II).
- O jogador B varia sua direção (II).
- A e B ficam frente a frente e agem como um espelho, um ao contrário do outro (III).

Jogo 15 – Driblando com duas bolas
Pressão de organização

II

50

Atividade

O jogador deve segurar uma bola com a mão dominante; em seguida, pegar outra bola e tentar driblá-la com a bola que já está na sua mão. Dessa forma, o jogador percorre um *slalom* com cones, quicando a bola. Chegando ao final, ele executa um forte movimento de quicar contra o solo, arremessa a bola que está na mão contra o alvo, pega de volta a outra bola ainda no ar e a arremessa conrta outro alvo. Então, ele volta ao ponto de partida e repete todo o exercício.

Observações

- Colocar diferentes alvos para serem acertados, por exemplo: cones, caixas de papelão, colchonetes, arcos, cesta de basquete etc.
- Caso os praticantes não consigam executar os dribles com uma mão, podem utilizar as duas mãos.

Variações do jogo

- Utilizar duas bolas de tamanhos e/ou pesos diferentes (II).
- Colocar mais obstáculos no *slalom* para serem passados (por exemplo, cordas, folhas de jornal, caixotes). Não encostar nos obstáculos que estão no chão, seja com o pé ou com a bola (III).
- Tentar equilibrar uma bola sobre a outra durante a realização do percurso (III).
- Alternar as mãos a cada drible com uma das bolas; a outra é segurada com a mão livre (III).
- Durante o percurso, segurar uma bola na mão dominante e quicar a outra apenas com a mão não dominante (III).

Jogo 16 – Diga um número!
Pressão de organização

II

Atividade

Formar um percurso de *slalom* com cones para que os jogadores atravessem driblando a bola. No final do percurso, o jogador C mostra um número, de 1 a 5, com a mão. Os jogadores devem, então, atravessar o *slalom* com a bola, ver o número indicado por C, dizer o número e finalizar no alvo.

Observações

- A distância entre os cones deve ser de, no mínimo, 1,5 m.
- Os jogadores devem alternar sempre as mãos durante o percurso de *slalom*.
- Utilizar diferentes técnicas para o arremesso.

Variações do jogo

- Os jogadores devem mostrar o número com a mão (II).
- Diminuir a distância entre os cones (III).
- A cada drible no *slalom*, o jogador deve dizer o número indicado por C (III).
- A cada drible no *slalom*, o jogador deve mostrar, com a mão, o número indicado por C (III).
- O treinador varia a forma de indicar o número, por exemplo, com palmas, com movimentos dos braços (II).

Coleção de exercícios e atividades

Jogo 17 – Bons olhos
Pressão de variabilidade

Atividade

Os jogadores são divididos em dois grupos, e cada grupo vai para um lado de um quadrado demarcado no chão. Somente um grupo possui bolas, e cada jogador deste grupo fica com uma. Os jogadores se posicionam frente a frente, cada um escolhendo um companheiro do outro lado do quadrado. Ao sinal do treinador, os jogadores sem bola correm para o meio do quadrado e escolhem um dos três sinais predeterminados: estender o braço direito para o lado, o braço esquerdo ou afastar as pernas. Os jogadores com bola devem observar seu companheiro, visualizar o sinal escolhido e atravessar o quadrado. Caso o companheiro escolha um dos braços, o jogador deve quicar a bola por baixo do braço estendido; caso tenha escolhido afastar as pernas, o jogador deve quicar a bola por entre as pernas do seu companheiro.

Observações

• A cada rodada, variar o sinal.
• Os sinais devem ser claramente mostrados.

Variações do jogo

• Variar o número de sinais predeterminados (II).
• Aumentar a velocidade dos dribles (II).
• Colocar sinais não predeterminados (III).
• Os jogadores podem usar fintas de corpo durante o exercício (III).

Jogo 18 – Atividades do quadrado
Pressão de variabilidade

Atividade

Quatro jogadores, cada um com uma bola, driblam livremente dentro da área de atividades (quadrado). Outros quatro jogadores ficam fora do quadrado, cada um em um de seus lados. Os jogadores que estão dentro do quadrado devem passar a bola para os jogadores que estão fora e, rapidamente, levantar o braço para indicar que estão sem bola. Os jogadores de fora devem passar a bola para outro jogador do quadrado que está sem bola o mais rápido possível.

Observações

- Utilizar diferentes tipos de bolas.
- Os jogadores de dentro do quadrado devem levantar o braço logo em seguida do passe e o mais alto possível, para que os demais consigam visualizar.
- Utilizar diferentes técnicas de passe.

Variações do jogo

- Colocar mais jogadores tanto fora como dentro do quadrado (I).
- Os jogadores de dentro do quadrado podem trocar passes (III).

Coleção de exercícios e atividades — 113

Jogo 19 – O arco que se mexe II
Pressão de variabilidade

Atividade

Um arco é preso por cordas, uma de cada lado, e em cada corda existe um jogador para segurar a corda e movimentar o arco. A 3 m do alvo fica o jogador arremessador, que está de costas para o alvo. O jogador recebe então um passe, direto ou indireto, vira-se e arremessa no arco. Considere que o arco estará sempre em movimento.

Observações

- Os passes podem ser também rolados.
- Depois de três rodadas com êxito, trocar as funções de todos os participantes.

Variações do jogo

- O jogador "passador" deve ficar de costas para o alvo, segurando a bola nas costas com as duas mãos. O jogador "finalizador" corre em volta do seu companheiro. Em um determinado tempo, o companheiro estende um de seus braços para o lado, oferecendo a bola. O "arremessador" pega a bola e corre para arremessá-la (III).
- Utilizar diferentes tipos de bolas alternadamente, por exemplo, handebol, futebol, basquete etc. (III).

Jogo 20 – Troca de bola
Pressão de variabilidade II

Vários times podem jogar juntos. Distribuir os times em diferentes espaços na quadra. Cada jogador de cada time está com uma bola, e diferentes tipos de bola são recomendadas. Os jogadores começam a quicar a bola contra o solo, aleatoriamente, dentro do seu espaço do time. Ao primeiro sinal do treinador, um apito, os jogadores devem trocar as bolas com os companheiros de equipe. Ao segundo sinal, dois apitos, os jogadores devem ir até a estação de arremesso, quicando a bola, e acertar nos alvos, que devem estar em diferentes alturas. Após um arremesso, o jogador pega sua bola de volta e retorna para o espaço de sua equipe. Qual o time que acerta maior número de alvos?

Atividade

- O treinador indica as trocas de bolas que devem ser feitas, por exemplo, bolas de tênis por bolas de basquete, bolas de futebol por bolas de handebol etc.

Observação

- Distribuir os times de tal forma que os jogadores possam trocar as bolas com os jogadores de outros times (II).
- Utilizar a mão não dominante para driblar a bola (II).
- Alternar sempre as mãos a cada drible de bola (II).

Variações do jogo

Renate Schubert / Daniel Memmert

Jogos de arremesso orientados para o desenvolvimento das habilidades

Introdução

Coleção de atividades e exercícios

Reconhecer a linha de voo da bola

Reconhecer a posição e a movimentação do colega

Reconhecer a posição e a movimentação do adversário

Determinar o percurso até a bola

Controlar a posse de bola

Controlar o passe

CAPÍTULO 5

Introdução

Os objetivos, conteúdos e métodos da Escola da Bola orientada para as famílias de habilidades foram detalhadas nos Capítulos 1 e 2. O marco dessa abordagem é considerado, a partir do estado atual do conhecimento e com base nas conclusões de Haverkamp e Roth (2006), de seis tipos de esportes relacionados com diferentes classes de tarefas e jogos. Este capítulo apresenta um conjunto de exercícios para o seu ensino-aprendizagem.

Neste capítulo será recomendado observar os princípios metodológicos enunciados no Capítulo 3. Em geral, os exercícios apresentam-se com uma oferta muito variada, e, caso possível, devem ser "empacotados" para os alunos em formas competitivas de 1 x 1, 2 x 2 etc. Além disso, as primeiras microrregras enunciadas no Capítulo 3 podem ajudar a aumentar na estruturação dos blocos de tarefas e aumentar as exigências das atividades de forma progressiva e sucessiva. Para a aproximação via família de habilidades na Escola da Bola: jogos de arremesso são particularmente importantes as microrregras "do simples para o complexo das ações motoras de finalização" e "primeiro bolas leves e macias, depois as duras", bem como "de grandes para pequenos alvos ou objetivos".

Considerar o auxílio metodológico e as microrregras descritas no Capítulo 3

Na Figura 5.1, está descrito como os exercícios podem ser organizados considerando aspectos importantes da organização do processo de ensino-aprendizado. Por exemplo, leva-se em conta que frequentemente se tem uma limitada capacidade de espaço (1/3 da quadra), um grande número de alunos (n = 24) e que – em um primeiro olhar – não se tem material (bolas) suficiente para todos e cada um dos alunos. Foi selecionado como exemplo uma variação do exercício 7 (troca de bola), que descreve como desenvolver uma atividade da família de habilidades "determinar o percurso até a bola".

Primeiramente, conforme o tipo de quadra e os equipamentos disponíveis, dependendo do local de jogo e da construção e equipamentos, serão posicionados em conformidade dois grupos de três alvos (objetivos) de arremesso. No exercício escolhido utilizam-se duas tabelas de basquetebol, dois bancos pequenos com cones levantados e dois bancos (caixotes) pequenos colocados em diagonal (apoiados), de forma que a abertura se apresente para os jogadores, para que os usem como alvos (devem acertar a bola neles), sem que ela quique para fora. Na frente de cada pequeno banco são colocados pneus. As linhas de lançamento são marcadas com fitas.

Exemplo relevante de aula

Depois que são organizadas duas equipes, os integrantes se distribuem, três por equipe, em uma das estações de lançamento que lhes fora designada. O restante dos jogadores participantes de ambas as equipes se distribuem formando um círculo, sendo numerados de 1 a 9.

Pouco espaço, poucas bolas e muitos alunos – Nenhum problema!

Figura 5.1: Descrição de uma forma de exercício considerando condições relevantes de ensino. Como aparelhos, são necessários: duas tabelas de basquetebol, seis bolas de handebol, dois bancos (caixas ou caixotes) pequenos, seis bolas de plástico, oito colunas ou cones, dois pneus, seis bolas de tênis, bem como dois bancos suecos.

Ambos os grupos recebem três bolas de plástico ou de borracha e três bolas de basquetebol. Com elas os jogadores devem quicar, driblar e deslocar-se em círculo, quicando as bolas contornando um círculo marcado no chão. Quando o professor dá um sinal sonoro, os jogadores que avançam realizando o *dribling* devem trocar de direção, ou seja, realizam o círculo na direção contrária. Quando são dois apitos, os jogadores trocam para uma posição à frente e continuam na sua direção de corrida para os bancos, tomam a bola do colega que está na frente, ou seja, teremos uma troca da bola que cada um deles estava quicando ou levando no *dribling*. A bola fica no local, e o jogador corre ao local do colega, que retrocede uma posição. Sempre que se troca de posição no círculo, apresenta-se uma troca de bolas. Quando o professor fala um número, o jogador identificado por ele dribla para uma das estações de arremesso e finaliza lançando a bola ao objetivo. Assim, os jogadores devem dosificar, controlar a força do lançamento da bola de forma que a bola rebote no caixote (*box* ou caixa colocado) e acerte quicando antes de cair no pneu próximo do banco. Na cesta de basquetebol, os jogadores devem procurar realizar a cesta. Os jogadores das equipes nas diferentes estações devem colocar as bolas sempre controladas e ordenadas nos círculos para que os integrantes de sua equipe possam ganhar tempo. Os arremessadores devem posicionar-se nas estações.

Ganha a equipe que, dentro de uma determinada quantidade de arremessos ou conforme um tempo previamente estabelecido, consegue realizar a maior quantidade de arremessos certos. De acordo com a duração do jogo e com a velocidade de deslocamento dos jogadores nos círculos, o professor deve controlar o esforço dos jogadores, bem como as diferentes trocas de direção. Os jogadores devem sempre quicar com alternância de mãos.

Coleção de atividades e exercícios

A coleção de atividades e os exercícios serão divididos e apresentados da mesma forma que a exposta no capítulo anterior (ver Figuras 3.2 e 3.3). Os critérios de organização das famílias de habilidades se caracterizam por definir a atividade conforme o principal parâmetro que ela trabalha, e depois se apresentam os níveis de complexidade dessa atividade. Para cada uma das famílias serão apresentadas entre três e cinco atividades.

Observar as formas de agrupamento dos elementos dos exercícios descritos no Capítulo 3!

Coleção de atividades e exercícios | 119

Jogo 1 – Passe "quicado" II
Reconhecer a linha de voo da bola

Atividade	Três jogadores (A, B e C) jogam juntos. A e C ficam logo à frente do alvo trocando passes, enquanto B desloca-se pela quadra de forma aleatória. B observa constantemente as ações de A e C. Assim que um deles executar um passe "quicado", B deve levantar o braço e pedir um passe. Ele recebe a bola e arremessa no alvo.
Observações	• A e C devem trocar passes rápidos. • B não pode se deslocar muito devagar.
Variações do jogo	• Depois de receber a bola, B passa novamente para A, que arremessa no alvo (II). • A e C se deslocam também (III). • C finge um passe para B, enquanto A corre para a linha de arremesso. A recebe o passe e arremessa no alvo (III).

Jogo 2 – Passe mais longo
Reconhecer a linha de voo da bola

Atividade

O jogo é feito em círculo e a bola é passada em sequência; o jogador A passa para B, que passa para C etc. Em certo momento alguém executa um passe mais longo e pula um jogador. Este jogador, então, corre para o meio do círculo, recebe um passe e arremessa no alvo.

Observações

- Na volta, o jogador que finalizou no alvo troca de posição com o jogador que executou o passe.
- Utilizar diferentes técnicas de arremesso.

Variações do jogo

- O jogador que correr para o centro deve girar 180° e arremessar de costas (II).
- O jogador que correr para o centro recebe um passe quicado (II).
- Os jogadores fintam antes de executar um passe longo (III).

Jogo 3 – Seguindo a sombra do companheiro
II
Reconhecer a linha de voo da bola

57

Atividade

Dois jogadores trocam passes perto do meio da quadra com uma distância de 5 m entre eles. Um jogador atacante fica na linha de tiro livre esperando o passe. Mas outro jogador, defensor, fica entre o atacante e seus dois companheiros. O defensor deve somente se deslocar lateralmente e cercar o atacante. O atacante, por sua vez, deve se basear na sombra do defensor e segui-la, de forma a se desmarcar do defensor. Mas o atacante também tem uma área delimitada para atuar: dois cones são colocados delimitando uma área de 2 m para o atacante. Assim que ele receber o passe deve executar uma finalização a gol.

Observações

• No início, o passe para o atacante pode ser indireto.
• Após o arremesso a gol, um dos jogadores da dupla já pega outra bola e coloca-a para uma nova rodada.
• Depois de oito arremessos, trocar todas as posições.

Variações do jogo

• Utilizar diferentes tipos e tamanhos de bolas, e os arremessos devem ser feitos com as duas mãos (III).
• Colocar dois defensores e dois atacantes, cada um agindo em um lado, podendo em certos momentos alternar os lados (III).

Jogo 4 – A bola escura fica no círculo
Reconhecer a linha de voo da bola

Atividade

Os jogadores formam um círculo e trocam passes com duas bolas, uma bola mais clara e outra mais escura. Outro jogador movimenta-se livremente junto à linha de tiro livre. No momento em que este levantar a mão e pedir um passe, o jogador do círculo que estiver com a bola clara deve passá-la o mais rapidamente possível. O jogador atacante deve receber o passe e executar uma finalização. Enquanto isso, a bola escura continua sendo passada no círculo e uma nova bola clara é inserida no círculo. Após um determinado tempo, os jogadores trocam suas funções.

Observação

- O exercício não precisa ser obrigatoriamente para handebol e vários tipos de alvos podem ser usados.

Variações do jog

- O jogador que executar o passe deve usar a mão "taticamente certa", ou seja, quando o atacante estiver à sua esquerda, passar com a mão esquerda, quando estiver à sua direita, passar com a mão direita (III).
- O passe com a bola escura é feito quicado, e o passe com a clara é feito diretamente (III).
- Os passes dentro do círculo são feitos para a direita, diretamente, e para a esquerda, quicados (III).

Jogo 5 – Passando sempre pelo meio
Reconhecer a posição e a movimentação do colega

Atividade

A, B e C começam na linha de fundo da quadra e B está com a bola. Ao sinal do treinador, os jogadores A e C devem correr, um para o meio para quadra e outro em direção ao goleiro do outro lado da quadra. Então, B passa a bola para o jogador do meio, que por sua vez passa a bola para o terceiro jogador finalizar a gol.

Observações

- A e C devem combinar antes quem deverá correr para o meio e quem irá finalizar a gol.
- No final da jogada, B segue os demais jogadores para inverter o lado da próxima jogada; as funções também são trocadas.

Variações do jogo

- Aumentar para três jogadores que irão correr para receber os passes (II).
- O jogador B também se movimenta antes de passar a bola (II).
- Os jogadores que correm devem trocar constantemente de direção usando fintas de corpo (III).

Jogo 6 – Melhor posicionamento
Reconhecer a posição e a movimentação do colega

60

Atividade

Os jogadores A, B, C e D jogam em círculo e trocam passes na sequência correta. Eles se encontram logo abaixo de uma cesta de basquete e o jogo é feito sem comunicação verbal. De repente um dos jogadores oferece-se no meio do círculo, recebe o passe e arremessa na cesta.

Observações

- Variar as técnicas de arremesso.
- Os jogadores devem manter certa distância, de tal forma que possam movimentar-se para os lados.
- Quando mais de um jogador correr para o meio, o passe deve ser feito para aquele que estiver mais bem posicionado.

Variações do jog

- Os jogadores podem enganar com fintas de corpo suas corridas para o centro (III).
- Os jogadores procuram passar a bola o mais rápido possível (III).
- Quando mais de um jogador correr para o centro, aquele que ficou mal posicionado deve correr de volta para seu lugar (III).

Jogo 7 – Defendendo com o balão
Reconhecer a posição e a movimentação do colega

III

61

Atividade

Em uma quadra de jogo, dividem-se dois times, um de atacantes (quatro jogadores) e um de defensores (três jogadores). Cada jogador atacante possui uma bola de tênis e tem como objetivo correr até o outro lado da quadra e colocá-la na área de pontuação. Por sua vez, o time da defesa deve impedir a ação do outro time. Cada jogador do time defensor possui um balão e deve utilizá-lo para defender, ou seja, simplesmente tocar no atacante. Para cada vez que um defensor tocar com o balão em um atacante, o atacante deve voltar para a linha de fundo da sua quadra e recomeçar sua corrida. Caso o atacante consiga seu intuito, ele volta e pega mais uma bola para uma nova corrida. Os jogadores defensores não podem entrar na área de pontuação.

Observações

- Para jogadores com nível técnico mais avançado, colocar o mesmo número de jogadores nos dois times.
- Assim que todas as bolas de tênis estiverem na zona de pontuação, trocam-se as funções dos times.
- No lugar de balões, podem ser usados outros tipos de bolas macias.

Variação do jogo

- O time de atacantes deve passar por duas pequenas áreas, com quatro defensores cada, antes de chegar à zona de pontuação (III).

Jogo 8 – Finta de corpo!
Reconhecer a posição e a movimentação do adversário

 62

Atividade

Em duplas, A deve executar fintas de corpo e passar por B. Por sua vez, B fica com os braços cruzados nas costas e somente cerca o adversário. Depois de dez tentativas, trocam-se as funções.

Observações

- A deve prestar atenção no momento certo de executar a finta de corpo.
- O movimento da finta deve ser rápido.

Variações do jogo

- A utiliza uma bola e dribles (II).
- B gradativamente executa uma marcação mais ativa. A joga sem bola (II).
- B gradativamente executa uma marcação mais ativa. A joga com bola (III).
- A utiliza mais fintas de corpo para realmente enganar B (III).

Jogo 9 – Paradinha no ar
Reconhecer a posição e a movimentação do adversário

Atividade
O jogador deve correr com a bola para arremessar a gol. No momento do salto para o arremesso, o goleiro, que é o treinador, indica com a mão o canto onde deve ser feito o arremesso. Mas o atacante, por sua vez, deve arremessar no lado contrário ao indicado pelo treinador.

Observações
- A deve utilizar diferentes técnicas de arremesso.
- O treinador é substituído por um jogador.
- Instrução para o arremesso 1: tentar "parar no ar".
- Instrução para o arremesso 2: quando o goleiro sair para defender, esperá-lo afastar as pernas e então finalizar, se possível, por entre as pernas.

Variação do jogo
- Quando o goleiro sair para defender, esperar que ele primeiro estenda um braço ou uma perna e depois arremessar no lado contrário do membro estendido, por exemplo, caso estenda a perna esquerda, arremessar no ângulo superior direito (III).

Jogo 10 – Direto ou ligeiro?
Reconhecer a posição e a movimentação do adversário

64

Atividade

Os jogadores B e C ficam logo à frente da área do goleiro, como uma barreira. O jogador D fica no meio da quadra junto à linha lateral. O jogador A fica no meio da quadra. Então o jogador A corre em direção ao gol, recebe o passe de D e, dependendo do posicionamento dos jogadores B e C, tem duas alternativas de ataque. Caso B e C fiquem em suas posições, parados e afastados, o jogador A simplesmente corre por entre os dois e arremessa a gol. Caso os dois defensores se unam e formem uma barreira, A deve se deslocar lateralmente, procurando espaço para atacar, e então arremessar a gol.

Observações

- B e C fazem ainda somente uma marcação passiva.
- Depois de cinco tentativas, trocar todas as funções em sentido horário.

Variações do jogo

- O exercício corre igual ao anterior, mas com somente um jogador na barreira. Este deve se movimentar um pouco antes do arremesso, fechando um dos lados, e o atacante deve procurar o lado contrário (II).
- As ações de marcação de B e C devem se tornar cada vez mais ativas (III).
- C deve atuar forte na defesa (III).
- C posiciona-se sempre de frente para o atacante (III).
- B deve resolver cada vez mais tarde o lado para se deslocar no momento do ataque de A (III).
- A pode passar a bola de volta para D quando receber uma boa marcação (III).

Jogo 11 – Sem fazer falta de ataque
Reconhecer a posição e a movimentação do adversário

III

Atividade	Logo à frente da área do goleiro, demarcam-se duas zonas onde os defensores devem atuar, um em cada zona, os quais devem movimentar-se lateralmente e manter os olhos no atacante. O jogador atacante parte do meio da quadra e deve atravessar as duas zonas de defesa sem fazer falta de ataque, receber um passe do treinador ou de um companheiro e arremessar a gol.
Observações	• No início, colocar somente um jogador defensor. • Inicialmente, demarcar uma zona de defesa relativamente larga.
Variações do jogo	• O jogador atacante deve conduzir a bola quicando por entre os defensores (III). • Variar o tamanho das duas zonas de defesa (II-III). • Os defensores movimentam-se somente ao sinal do treinador (III).

Jogo 12 – Passes longos e precisos
Determinar o percurso até a bola, reconhecer a linha de voo da bola

 66

Atividade

No meio da quadra, junto à lateral, os jogadores formam uma fileira. Também no meio da quadra, mas do outro lado, está o treinador, com um cesto de bolas. Ao sinal do treinador, o primeiro jogador da fila parte em direção à cesta ou ao gol, no caminho recebe o passe do treinador e finaliza no alvo. E assim por diante segue o exercício.

Observações

• Durante a corrida, o jogador deve manter os olhos na bola.
• Cuidar para executar um passe longo e alto.
• O treinador é substituído por B.
• A bola pode quicar no chão uma vez antes do jogador pegá-la.

Variações do jogo

• Predeterminar um local onde o treinador ou o jogador B deve passar a bola (I).
• A bola deve ser sempre pega no ar (II).
• Após um determinado sinal, o treinador ou o jogador B deve executar um passe "rasante" (III).

Jogo 13 – Troca de bola
Determinar o percurso até a bola
II

Atividade — Os jogadores formam um círculo, cada um com a posse de uma bola. Então, começam a marchar todos para o mesmo sentido. Ao sinal do treinador, os jogadores devem colocar a bola sobre o ombro e deixá-la rolar para trás. Cada jogador deve manter os olhos na bola do companheiro da frente, deixá-la quicar uma vez no chão e rapidamente pegá-la. Após isso, todos seguem marchando novamente até o próximo sinal.

Observação
- No início, a distância entre os jogadores não pode ser muito grande.

Variações do jogo
- Após o sinal do treinador, os jogadores deixam a bola cair, giram 180° e pegam a bola novamente. Depois seguem a marchar neste novo sentido (III).
- Os jogadores seguem em círculo, cada um quicando sua bola. Cada jogador tem agora um número. Ao sinal do treinador, ele chama um número e joga uma bola para o alto. O jogador correspondente deve correr em direção à bola, quicando a sua ainda, e pegar a outra bola antes que ela toque no chão pela segunda vez (III).
- Os jogadores seguem quicando a bola em círculo e, ao sinal do treinador, devem deixar sua posição e sua bola, assumindo rapidamente a posição do companheiro da frente, assegurando que a bola não pare de quicar (III).
- Como anteriormente, mas os jogadores giram 180° e assumem a posição do jogador de trás (III).

Jogo 14 – Velocidade máxima
Determinar o percurso até a bola, controlar o passe

 68

A e B jogam juntos e precisam alcançar 20 pontos o mais rápido possível. A tem cinco tentativas de arremesso à cesta, a uma determinada distância, e para cada acerto, ganha dois pontos. O jogador B fica logo embaixo da cesta e observa os arremessos. Caso o jogador A não acerte seu arremesso, B pode correr para pegar a bola, e se a bola tocar somente uma vez no chão, eles somam mais um ponto. Após as cinco tentativas, trocar as funções.

Atividade

- B posiciona-se embaixo da cesta.
- B alterna a sua visão: primeiro observa o adversário e, depois, o voo da bola.

Observações

- B precisa pegar a bola ainda no ar para somar mais um ponto (III).
- Caso B consiga pegar a bola ainda no ar, ele pode arremessá-la na cesta e, tendo êxito, somar mais um ponto (III).

Variações do jo

Jogo 15 – Chuva de bolas
Controlar a posse de bola

Atividade

O jogador A caminha sobre uma das linhas da quadra, indo e voltando. Os demais jogadores ficam à esquerda e à direita do jogador A, cada um com uma bola. À medida que o jogador A for passando, ele vai recebendo um passe e devolvendo a bola, recebendo e devolvendo.

Observações

- Atentar para o tempo de reação do jogador A.
- Utilizar diferentes tipos de bolas.
- Variar as técnicas de arremesso.

Variações do jogo

- Os jogadores passam as bolas gradativamente com menos precisão (III).
- O jogador A deve passar de volta a bola com a mesma técnica usada pelo jogador que passou para ele (III).
- As bolas podem ser arremessadas nas costas do jogador A, mas devagar (III).

Jogo 16 – Trio de ataque
Controlar a posse de bola

II

70

Os jogadores formam trios e posicionam-se no fundo da quadra, um jogador em cada linha lateral e um no meio. Cada jogador das laterais possui uma bola, uma de basquete e uma de handebol. O trio deve atravessar o campo trocando passes, o jogador do meio recebe sempre um passe e devolve para o seu companheiro. Chegando do outro lado da quadra, o jogador da lateral que está com a bola de handebol arremessa a gol, enquanto o outro jogador que estiver com a bola de basquete deve arremessar na cesta. A cada rodada, troca-se as funções dos jogadores.

Atividade

- Os jogadores das laterais, cada vez que receberem o passe de volta, devem quicar uma vez a bola contra o solo.
- Conforme o material disponível e o ginásio utilizado, trabalhar somente handebol ou somente basquete, ou ainda variar os alvos.

Observações

- Jogar com três bolas, cada jogador com uma. Para cada passe os jogadores devem trocar as bolas. Acrescentar mais um alvo (III).
- Executar passes com saltos (III).
- Os jogadores das laterais variam, durante o exercício, a sua distância para o jogador do meio (II-III).

Variações do jog

Coleção de atividades e exercícios — 135

Jogo 17 – Quem é meu parceiro?   II-III
Controlar a posse de bola

Atividade

Dois times são divididos e distribuídos em dois campos de jogo (quadrados), um do lado do outro. Cada jogador do time da direita é denominado com uma letra e cada jogador do time da esquerda, com um número. Cada jogador do time do lado direito está com uma bola e deve se deslocar aleatoriamente, driblando-a. O outro time deve simplesmente se deslocar sem bola. O treinador chama, então, uma letra, e este jogador se apresenta e grita um número. Ele deve reconhecer o companheiro do outro time e trocar passes com o jogador correspondente. Após alguns passes, os jogadores voltam a se movimentar. Depois de dois minutos de jogo, troca-se a função dos times.

Observações

- Para facilitar o jogo, inicialmente podem ser distribuídos números ou letras.
- Os passes podem ser somente indiretos ou pode-se estabelecer conforme o sentido (direita ou esquerda) se serão diretos ou indiretos.

Variações do jogo

- O passe é feito com a mão não dominante (III).
- Após o sinal do treinador, os jogadores trocam a mão que está driblando a bola (II-III).
- Utilizar diferentes bolas para o time que fica à direita; a cada sinal do treinador, os jogadores devem trocá-las (II-III).

Jogo 18 – Atento ao rebote
Controlar a posse de bola

III

72

Atividade

Um jogador fica no gol, outro fica ao lado do gol com um cesto com bolas, e um terceiro jogador fica junto à linha de tiro livre. Este jogador tem a função de atacar, mas deve ficar de costas para o gol e de frente para uma fileira de jogadores que estão prontos para passar bolas. O jogador atacante deve receber a bola, girar e executar um arremesso a gol. Logo após esse arremesso, o jogador que está ao lado do gol lança outra bola rapidamente para o atacante, oferecendo a ele um "rebote". Essa bola virá de forma imprecisa para o atacante, que deve pegá-la e finalizar a gol.

Observações

- Depois que todas as bolas forem passadas pelo time que fica atrás do atacante, as funções dos jogadores são trocadas. O goleiro passa a ser o jogador que lança o rebote, o jogador que estava nessa função vai para a fila dos passes, o primeiro jogador da fila vira atacante e o atacante fica como goleiro.
- Para praticantes com maior nível técnico os passes podem ser indiretos e mais imprecisos.

Variações do jog

- Colocar dois jogadores atacantes, um ao lado do outro. O que estiver ao lado direito deve arremessar com a mão direita e aquele que estiver do lado esquerdo arremessa com a mão esquerda. O jogador que passar a bola escolhe para quem irá passar (III).
- Como anteriormente, mas agora com dois jogadores que oferecem rebotes, um de cada lado do gol. O treinador determina quem irá lançar o rebote (III).

Jogo 19 – Usando a parede como tabela
Controlar o passe   II

Atividade	Uma cesta-pedestal de basquete é colocada junto à parede. Dois jogadores colocam-se lado a lado e ficam a uma distância de 2 m da cesta, cada jogador com uma bola, e tentam acertar na cesta com a ajuda da parede como tabela.
Observações	• A distância entre os jogadores deve ser de mais de 1 m. • Variar as técnicas de arremesso.
Variações do jogo	• Pendurar caixas de papelão na parede ou colocá-las no chão para que os jogadores tentem acertá-las (I). • Variar a distância entre os jogadores e entre os alvos (II). • Utilizar vários tipos de bolas (III). • Arremessar as bolas com saltos (III).

Jogo 20 – Acerte o balão!
Controlar o passe

O jogo acontece em duplas, um jogador fica com um balão e outro com uma bola. O jogador com o balão fica junto à parede e o outro fica a 5 m de distância. A tarefa é a seguinte: o jogador com o balão deve jogá-lo para o alto e seu companheiro deve arremessar sua bola tentando acertar o balão. Depois de cinco tentativas, os jogadores trocam suas funções.

- Utilizar balões de preferência grandes.

- Arremessar diferentes tipos de bolas (III).
- No lugar de balões, utilizar folhas de jornal, de tal maneira que fiquem bem abertas no ar (III).

Jogo 21 – Arremesso certeiro
Controlar o passe

I

Atividade

Formar uma fileira de dez cones, com um espaço de 1 m entre cada cone, de tal forma que os jogadores possam acertar a bola nesses espaços. Dois jogadores, A e B, ficam um em cada ponta dessa fileira. A começa lançando a bola e tenta acertar o espaço entre os cones 1 e 2. Após isso, B pega a bola e tenta acertar o espaço entre os cones 10 e 9. Para o segundo arremesso de A, ele deve tentar acertar o espaço entre os cones 2 e 3, e assim por diante.

Observações

- Não variar a técnica de arremesso dentro de uma mesma tentativa (por exemplo, entre as distâncias estabelecidas).
- Variar a técnica de arremesso após uma tentativa completa (por exemplo, ter arremessado de todas as distâncias estabelecidas), realizando diversas vezes a atividade.
- Adaptar a distância entre os jogadores e entre os cones conforme a idade e o desempenho dos participantes.

Variações do jogo

- Não seguir uma sequência para os arremessos; antes de lançar, o lançador deve indicar em qual espaço irá jogar (por exemplo, 1-2, 6-7, 4-5 etc.) (II).
- A deve indicar em qual espaço os dois jogadores devem jogar (por exemplo, linha 2-3), e depois é a vez de B (II).

140 Jogos de arremesso orientados para o desenvolvimento das habilidades

Jogo 22 – Onde está meu parceiro?
Controlar o passe

II

75

Os jogadores formam pares, o jogador A fica de frente para a parede a uma distância de 2 m e troca passes contra a parede. O jogador B fica dentro de uma área delimitada (quadrado) logo atrás de A. Enquanto A troca passes com a parede, B movimenta-se dentro do quadrado aleatoriamente. No momento em que A segurar a bola e gritar "Pare!" o seu companheiro deve parar onde está, então A se vira, reconhece onde está o seu companheiro e passa a bola para ele. B deve retornar o passe para A. Depois de cinco tentativas, os jogadores trocam suas funções.

Atividade

- Conforme o nível técnico dos jogadores deve-se variar o tamanho do quadrado e a distância de A em relação à parede.

Observação

- A bola deve ser passada indiretamente ou com a mão não dominante (II-III).
- Em vez de correr, os jogadores que estiverem dentro do quadrado devem se deslocar de outra forma, por exemplo, saltos, engatinhar, saltos laterais etc. (II).

Variações do jogo

Jogo 23 – Alto e longo
Controlar o passe

III

Atividade

A e B ficam a 10 m de distância um do outro e, no meio do caminho, coloca-se um cone. A está com a bola, e B deve correr. Ele corre até o cone, toca nele e, quando estiver voltando à sua posição, recebe um passe alto e longo de A. É importante que B consiga pelo menos tocar na bola.

Observações

- B deve manter os olhos na bola e A deve arremessar da maneira mais precisa possível (bolas bem altas, que façam uma curva alta).
- Durante a corrida de volta de B, ele deve voltar-se para a bola (fazer um giro).

Variações do jogo

- B deve procurar receber a bola sem que ela caia (III).
- B corre como se estivessem em um *slalom*, ou seja, em zigue-zague (III).
- B mostra com a mão correspondente o lado em que quer receber a bola (III).

ANEXOS

Tipos de bola

Referências

Tipos de bola

O conceito da Escola da Bola: jogos de arremesso orienta-se de forma central na ideia de uma formação muito rica e variada dos componentes dos elementos táticos, coordenativos e técnicos. Isso significa que os elementos dos jogos, das situações e dos exercícios dos Capítulos 3 a 5, da forma mais ampla possível, devem ser realizados utilizando a maior variedade de bolas que estejam à disposição. Nas fotos a seguir, observam-se os diferentes tipos de bola que são utilizadas.

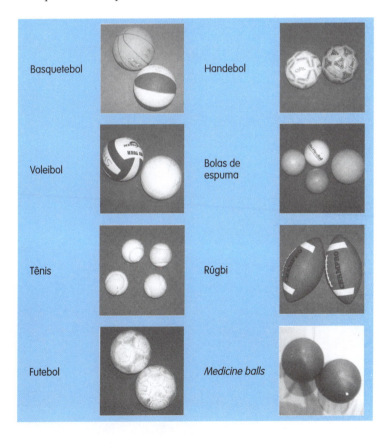

Referências

Ader, A. (1978). Soziologische Bemerkungen zur Kreativität im Sport. *sportunterricht*, 27 (9), 336-341.

Adolph, H. & Hönl, M. (1998). *Integrative Sportspielvermittlung* (4. Aufl.). Kassel: Universität-Gesamthochschule.

Behrends, G. (1983). Zum Problem der Vermittlung von „Spielfähigkeit". In O. Grupe, H. Gabler & U. Göhner (Hrsg.), *Spiel, Spiele, Spielen* (S. 258–259). Schorndorf: Hofmann.

Bremer, D. (1981). ...und ein Modell für die Sportspiele. In D. Bremer, J. Pfister & P. Weinberg (Hrsg.), *Gemeinsame Strukturen großer Sportsppiele* (S. 57–103). Wuppertal: Putty.

Czwalina, C. (1984). Spiedlidee und Grundsituationen von Sportspielen. *Sportpädagogik*, 9, 22–25.

Dietrich, K. (1984). Vermitteln Spielreihen Spielfähigkeit? *Sportpädagogik*, 8, 19–21.

Dietrich, K. Dürrwächter, G. & Schaller, H. J. (1994). *Die Großen Spiele*. Aachen: Meyer & Meyer.

Duell, H. (1989). Wurfspiele – Integrative Sportspielvermittlung in der Praxis. *sportunterricht*, 38, 394–400.

Eckes, T & Six, B. (1984). Prototypenforschung: Ein integrativer Ansatz zur Analyse der alltagssprachlichen Kategorisierung von Objekten, Personen und Situationen. *Zeitschrift für Sozialpsychologie*, 15, 2–17.

Fodor, J. A. (1983). *Modularity of Mind*. Cambridge: MIT-Press.

Greco, P. (2003). *Spielformen zur Entwicklung von Kreativität und Spielintelligenz*. Unveröffentlichtes Manuskript. Belo Horizonte: EEF.

Griffin, L. A., Mitchell, S. A. & Oslin, J. L. (1997). *Teaching Sport Concepts and Skills: A Tactical Games Approach*. Champaign: Human Kinetics.

Groth, K. & Kuhlmann, D. (1989). Integrative Sportspielvermittlung in Theorie und Praxis. *sportunterricht*, 38 (10), 386–393.

Hagedorn, G., Bisanz, G. & Duell, H. (1972). *Das Mannschaftsspiel*. Frankfurt: Limpert.

Haverkamp, N. (2004). *Typisch Sport? – Der Begriff Sport im Lichte des Prototypenmodeels*. Unveröffentlichte Dissertationsschrift. Bielefeld: Abteilung Sportwissenschaft.

Haverkamp, N. & Roth, K. (2006). *Untersuchungen zur Familienähnlichkeitsstrukur de Sportspiele*. Bielefeld/Heidelberg: Universität.

Heine, E. (1984). Wurfspiele – Orientierung statt Spezialisierung. In Ausschuss Deutsche Leibeserzieher (Hrsg.), *Schüler im Sport – Sport für Schüler* (S. 348–349). Schorndorf: Hof mann.

Heine, E. & Rohdefeld, B. (1984). Wurfspiele sind Hand-Ball-Spiele. *Sportpädagohik, 8* (1) 54–56.

Hilmer, J. (1983). *Grundzüge einer pädagogischen Theorie der Bewegungsspiele* (2. Aufl.) Ahrensburg: Czwalina.

Hossner, E. J. (1995). *Module der Motorik*. Schorndorf: Hofmann.

König, S. (2002). *Wurfspiele*. Unveröffentlichtes Vortragsmanuskript. Heodelberg: ISSW.

Kröger, C. & Roth, K. (1999/2002/2005). *Ballschule – ein ABC für Spielanfänger* (1./2./3 Aufl.). Schorndorf: Hofmann.

Kuhlmann, D. (1998). Wie führt man Spiele ein? In Bielefelder Sportpädagogen (Hrsg.) *Methoden im Sportunterricht* (3. Aufl., S. 135–147). Schorndorf: Hofmann.

Kursawe, H. G. & Pflugradt, M. (1986). Vom Basisspiel zum Sportspiel. Grundsätzlich Überlegungen und ein praktischer Vorschlag. *sportunterricht (Lehrhilfen), 35*, 113-117.

Liesen, H. (2000). Die IT-Gesellschaft (über)fordet ... – der Schuksport fördert unsere Kids www.kinderaerzte-lippe.de /Jugendgesundheitstag-kassel-00.htm.

Loibl, J. (2001). *Basketball – Genetisches Lehren: spielen, erfinden, erfinden, erleben, ver stehen*. Schorndorf: Hofmann.

Memmert, D. (2004). *Kognitionen im Sportspiel*. Köln: Sport und Buch Strauß.

Memmert, D. & Roth, K. (2003). Individualtaktsiche Leistungsdiagnostik im Sportspiel *Spectrum der Sportwissenschaften, 15* (1), 44–70.

Müller, R. (1992). Die Angst vor dem Ball. *Sportpädagogik, 16* (5), 49–51.

Neumaier, A. (2001). *Koordinatives Anforderungsprofil und Koordinationstraining* (2. Aufl.) *Sportaten*. Köln: Sport und Buch Strauß.

Neumaier, A. & Mechling, H. (1995). Taugt das Konzept koordinativer Fähigkeiten al Grundlage für sportartspezifisches Koordinationstraining? In P. Blaser, K. Witte & Ch Stucke (Hrsg.), *Steuer- und Regelvorgänge der menschlichen Motorik* (S. 2007–212). St Augustin: Academia.

Neumaier, A., Mechling, H. & Strauß, R. (2002). *Koordinative Anforderungsprofile ausgeählter Sportarten*. Köln: Sport und Buch Strauß.

Neumann, O. (1992). Theorien der Aufmerksamkeit: von Metaphern zu Mechanismen. *Psychologische Rundschau, 43*, 83–101.

Roth, K. (1998). Wie verbessert man die koordinativen Fähigkeiten? In Bielefelder Sportpädagogen (Hrsg.), *Methoden im Sportunterricht* (3. Aufl., S. 85–102). Schorndorf: Hofmann.

Roth, K. (2002). „Vom ABC für Spielanfänger ... Zum gekonnten Agieren mit der Hand und mit Schlägern". In K. Roth, C. Kröger & D. Memmert (Hrsg.), *Ballschule Rückschlagspiele* (S. 7–56). Schorndorf: Hofmann.

Roth, K., Kröger, C. & Memmert, D. (2002). *Ballschule Rückschlagspiele*. Schorndorf: Hofmann.

Schmidt, W. (2004). *Fußball – spielen, erleben, verstehen*. Schorndorf: Hormann.

Willimczik, K. (1995). Die Davidsbündler – zum Gegenstand der Sportwissenschaft. In H. Digek (Hrsg.), *Sportwissenchaft fheute – eine Gegenstandsbestimmung* (S. 39–89). Darmstadt: WB-TH.

Ziermer, H. (1984). Kooperative Wurfspiele in der Primarstufe. *Sportpädagogik, 8* (3), 47–50.

Sobre o Livro
Formato: 15 × 21 cm
Mancha: 13 × 17,8 cm
Papel: Offset 90 g
Nº páginas: 152
1ª edição: 2016

Equipe de Realização
Assistência editorial
Liris Tribuzzi

Assessoria editorial
Maria Apparecida F. M. Bussolotti

Edição de texto
Gerson Silva (Supervisão de revisão)
Elise Garcia (Preparação e copidesque)
Gabriela Teixeira e Fernanda Fonseca (Revisão)

Editoração eletrônica
Évelin Kovaliauskas Custódia (Capa e diagramação)
Douglas Docelino (Ilustrações)

Fotografia
Ponkrit e image bird | Shutterstock (Imagens de capa)

Impressão
Intergraf Indústria Gráfica Eireli